aprendizagem invertida para
resolver o problema do dever de casa

B493a Bergmann, Jonathan.
　　　　　Aprendizagem invertida para resolver o problema do dever de casa/ Jonathan Bergmann ; tradução: Henrique de Oliveira Guerra ; revisão técnica: Marcelo L. D. S. Gabriel. – Porto Alegre : Penso, 2018.
　　　　　93 p.: il. ; 23 cm

　　　　　ISBN 978-85-8429-122-9

　　　　　1. Ensino. 2. Pedagogia – Prática. I. Título.
　　　　　　　　　　　　　　　　　　　　　　　　　CDU 37

Catalogação na publicação: Karin Lorien Menoncin – CRB 10/2147

JONATHAN BERGMANN

aprendizagem invertida para resolver o problema do dever de casa

Tradução
Henrique de Oliveira Guerra

Revisão técnica
Marcelo L. D. S. Gabriel
*Doutor em Educação: Ciência e Tecnologia pela Universidade
Estadual de Campinas (UNICAMP)*

2018

Obra originalmente publicada sob o título *Solving the homework problem by flipping the learning*.
ISBN 9781416623724
Translated and published by PENSO EDITORA LTDA., a Grupo A Educação S.A. company, with permission from ASCD®. This translated work is based on *Solving the homework problem by flipping the learning* by Jon Bergmann.
Copyright © 2017 Jon Bergmann.
All Rights Reserved. ASCD is not affiliated with PENSO EDITORA LTDA, nor responsible for the quality of this translated work.

Gerente editorial
Letícia Bispo de Lima

Colaboraram nesta edição
Editora
Paola Araújo de Oliveira

Capa
Paola Manica

Preparação de originais
Josiane Santos Tibursky

Leitura final
Grasielly Hanke Angeli

Editoração
Fabio A. T. dos Santos

Reservados todos os direitos de publicação, em língua portuguesa, à
PENSO EDITORA LTDA., uma empresa do GRUPO A EDUCAÇÃO S.A.
Av. Jerônimo de Ornelas, 670 – Santana
90040-340 – Porto Alegre – RS
Fone: (51) 3027-7000 Fax: (51) 3027-7070

SÃO PAULO
Rua Doutor Cesário Mota Jr., 63 – Vila Buarque
01221-020 – São Paulo – SP
Fone: (11) 3221-9033

SAC 0800 703-3444 – www.grupoa.com.br

É proibida a duplicação ou reprodução deste volume, no todo ou em parte, sob quaisquer formas ou por quaisquer meios (eletrônico, mecânico, gravação, fotocópia, distribuição na Web e outros), sem permissão expressa da Editora.

IMPRESSO NO BRASIL
PRINTED IN BRAZIL

O autor

Jonathan Bergmann é um dos pioneiros do movimento da sala de aula invertida e lidera a adoção mundial da aprendizagem invertida por meio da *Flipped Learning Global Initiative* (FLGI – flglobal.org). Trabalha com entidades governamentais, escolas, empresas e organizações educacionais sem fins lucrativos. Coordena e orienta projetos de aprendizagem invertida nos Estados Unidos e mundo afora – China, Taiwan, Coreia do Sul, Austrália, Oriente Médio, Islândia, Suécia, Noruega, Reino Unido, Itália, Espanha, México, Canadá e países da América do Sul.

Atuou durante 24 anos como professor de ciências dos ensinos fundamental e médio antes de se tornar o principal facilitador de tecnologia de um distrito escolar nos subúrbios de Chicago. Autor de sete livros – incluindo *Flip your classroom*, *best-seller* traduzido para 13 idiomas – criou as conferências globais FlipCon, eventos dinâmicos e envolventes que inspiram educadores a transformar suas práticas instrucionais por meio da aprendizagem invertida.

Em 2002, recebeu o Prêmio Presidencial por Excelência no Ensino de Matemática e Ciências e, em 2010, foi semifinalista do prêmio de Professor do Ano do Estado do Colorado, Estados Unidos. Em 2013, foi nomeado uma das 10 Pessoas mais Influentes do Ano em Tecnologia e Aprendizagem, ficou entre os finalistas do Prêmio Internacional de Educação Brock e ganhou o Prêmio Bammy, oferecido pela Academia de Artes e Ciências da Educação.

Participa do conselho consultivo para o TED-Education, é o anfitrião do programa de rádio *The Flip Side*, tem um canal no YouTube, com mais de 3 milhões de visualizações, e um *blog* muito ativo, no qual discute as melhores práticas da aprendizagem invertida. Saiba mais sobre o autor em JonBergmann.com.

Não sou um homem que se fez sozinho e só espero conseguir viver minha vida de forma a homenagear aqueles que ajudaram na construção de minha trajetória. Aqui, faço o devido reconhecimento a dois deles.

A Eddie Anderson, meu professor de química no ensino médio, que me inspirou a me tornar professor. Você notou o potencial em um adolescente nerd, *inspirando-me a ensinar química no ensino médio durante 24 anos e, de alguma forma, a honrar o seu legado.*

A Virgil Gosser, mentor, amigo e professor orientador durante meus anos como professor estagiário. Você me mostrou a força dos relacionamentos positivos com os alunos. Sua fé em mim e em Deus é minha eterna fonte de inspiração.

Sumário

Capítulo 1 1
    Vantagens do dever de casa invertido

Capítulo 2 21
    Os diferenciais de um bom dever de casa invertido

Capítulo 3 33
    Estratégias invertidas para educadores

Capítulo 4 45
    Avaliando deveres de casa invertidos

Capítulo 5 57
    Estratégias para escolas, gestores e pais

Capítulo 6 67
    Alinhavando tudo até aqui

Apêndices 71
    Como assistir a um vídeo invertido: diretrizes para alunos 73
    Exemplos de vídeos 75
    Feedback sobre a sala de aula invertida: pesquisa com os alunos 77
    Apresentando a aprendizagem invertida: carta aos pais 81
    Criação dos vídeos invertidos: *checklist* 83
    Agenda de atividade avançada: exemplo 84
    Formulário para monitoramento do progresso 85

Referências 87

Índice 89

1

Vantagens do dever de casa[1] invertido

Dever de casa! A expressão provoca medo e ansiedade nos alunos. Dever e drama começam com a mesma letra, e não é à toa. Os pais têm uma relação de amor e ódio com o dever de casa. Eles querem o que é melhor para seus filhos, e muitos pensam que essa é a forma de eles terem sucesso, mas receiam não serem capazes de ajudar nesse quesito. Professores sentem a obrigação de passar dever de casa em razão de pressão externa, motivação interna ou apenas porque sempre fizemos isso dessa maneira. Qual é o valor do dever de casa? Ajuda ou atrapalha os alunos ou é um instrumento de controle que os professores exercem sobre eles? Como professor, já passei muitos deveres de casa. Alguns foram significativos e eficazes, mas uma parte não passou de trabalho inútil que não ajudou meus alunos. E, sendo pai de três filhos, passei incontáveis horas trabalhando com eles. Tenho observado como os deveres de casa beneficiam meus filhos e como, outras vezes, atrapalham sua educação. Com cada um dos meus filhos, houve momentos de lágrimas em que questionei o valor e a finalidade de passar deveres de casa.

De acordo com o National Center for Family Literacy, em 2013 (REID, 2013), 50% dos pais declararam ter dificuldade para ajudar seus filhos com os deveres de casa, alegando os seguintes motivos:

---

[1] N. de R.T.: Embora em várias partes do País "dever de casa" seja suficiente para o entendimento dos leitores, estamos usando a expressão como sinônimo de lição de casa ou tarefa de casa.

- Eles não entendem o conteúdo (46,5%).
- Seus filhos não querem ajuda (31,6%).
- Eles são muito ocupados (21,9%).

Recebi o seguinte *e-mail* de Barbra Sterns,[2] instrutora corporativa e mãe frustrada:

No meu entender, a maior vantagem dessa tal de sala de aula invertida é o dever de casa. Quando meus filhos estavam na escola, seis ou sete professores diferentes davam uma hora de aula e depois mandavam as crianças embora para fazer o dever de casa, que consistia quase sempre na aplicação e na prática dos conceitos da aula daquele dia.

Mas meus filhos não iam direto para casa; eles iam para o centro comunitário até eu voltar do trabalho. Eu os deixava no centro comunitário às 07h30min e os pegava às 17h30min–18h. O centro comunitário não tinha ajudantes dispostos ou treinados para auxiliar nos deveres de casa. Até mesmo os programas da escola em tempo integral utilizavam seu tempo para atividades e diversão, não para estender o dia escolar. Além disso, no período de três horas entre o horário em que chegávamos em casa e o horário em que eles iam dormir, encaixávamos refeições, banhos, artes marciais, aniversários, etc. O dever de casa sempre foi uma briga; nem sempre eles lembravam bem do conteúdo para fazê-lo e, quando eu tentava ajudar, eles falavam: "Não foi isso que meu professor disse".

O PROBLEMA COM O DEVER DE CASA

Observando com as minhas lentes de professor e pai, percebo vários problemas com os deveres de casa no ambiente educacional de hoje:

---

[2] Correspondência pessoal recebida em 2016.

- deveres de casa que aparentemente têm pouco significado e utilidade;
- tarefas que levam muito tempo para serem concluídas;
- tarefas que muitos alunos não concluem;
- professores mandando os alunos para casa com tarefas para as quais eles estão mal preparados para concluir;
- tarefas e deveres de casa ineficazes.

A doutora Denise Pope, pesquisadora da Stanford University, entrevistou mais de 4.300 alunos em escolas de ensino médio de alto aproveitamento escolar e constatou que apenas 20 a 30% dos alunos consideravam seus deveres de casa úteis e significativos (GALLOWAY; CONNOR; POPE, 2013). O dever de casa, em muitos casos, não ajuda os alunos a melhorar o aproveitamento escolar, não os ajuda a desenvolver a curiosidade e pode se tornar um exercício de conformidade e controle. As tarefas são muitas vezes atribuídas sem contexto, são demasiado fáceis ou demasiado difíceis ou são irrelevantes para a série.

Como pai, presenciei meus filhos fazendo trabalhos até tarde da noite, e até mesmo varando a madrugada, para terminar o dever de casa. Tenho a sensação de que alguns professores correlacionam o volume de dever de casa com severidade. Mas, na realidade, tudo o que o dever de casa alcança é ensinar os alunos a se ressentirem, sabotando a paixão pela aprendizagem.

O dilema do educador

Por uma série de motivos, os alunos muitas vezes vêm para a sala de aula sem terem concluído a tarefa atribuída. Surge o dilema para os professores: insistir ou desistir e não passar mais deveres de casa? Se nosso objetivo é conformidade, em vez de aprendizagem, então nós, educadores, perdemos a essência do dever de casa. Por outro lado, o trabalho árduo e a perseverança são elementos da aprendizagem. Nem todo aluno se interessa por tudo o que é ensinado, e para muitos alunos pode faltar motivação interna para completar todas as tarefas.[3]

---

[3] N. de R.T.: Para estudos mais detalhados sobre motivação interna, ver: RYAN, R. M.; DECI, E. L. *Self-determination theory*: basic psychological needs in motivation, development, and wellness. New York: Guilford, 2017; RYAN, R. M.; DECI, E. L. Intrinsic and extrinsic motivations: Classic definitions and new directions. *Contemporary Educational Psychology*, v.25, n.1, p.54-56, 2000; OGA-BALDWIN, W. L. Q. et al. Motivating young learners: a longitudinal model of self-determined motivation in elementary school foreign language classes. *Contemporary Educational Psychology*, v.49, p.140-150, 2017.

Uma receita para o fracasso

Sou o primeiro a confessar que mandei alunos para casa com tarefas que alguns *não conseguiriam* concluir. Eu os mandei para casa com trabalhos que eram incapazes de concluir com a base limitada que eu havia lhes fornecido. Talvez eles não tivessem a estrutura cognitiva, talvez não tivessem o apoio adequado em casa ou talvez simplesmente estivessem ocupados demais com a rotina de sua vida doméstica. Alguns alunos vinham para a sala de aula com trabalhos incompletos, pois não percebiam o valor da tarefa e decidiam não completá-la. Outros tinham sido soterrados com deveres de casa sem sentido durante muitos anos e, por questão de princípios, agora rejeitavam qualquer dever de casa. Na maioria das vezes, os alunos não completavam as tarefas de casa porque não tinham os conhecimentos necessários e desistiam. Depois, esses mesmos alunos vinham para a sala de aula e declaravam não se importarem com a escola e muitas vezes acabavam apresentando problemas disciplinares. Em minha experiência, aqueles que têm problemas de disciplina tentam atrair atenção negativa por mau comportamento para mascarar sentimentos de inadequação e uma sensação de fracasso. É mais fácil enfrentar dificuldades e desdenhar o valor da escola do que enfrentar as dificuldades, continuar se importando e sentir-se um fracassado.

O grande debate

Existe um amplo debate entre educadores, pais e comunidades sobre o valor dos deveres de casa. De um lado, estão os defensores do dever de casa, que sentem que os alunos precisam ter tempo para praticar o que aprenderam em sala de aula. E, do outro, estão aqueles que pensam que o dever de casa é um desperdício de tempo, uma atividade prejudicial para as crianças. Alguns pais acreditam que as escolas não deveriam passar *nenhum* tipo de dever de casa. Para esses pais, a escola é para a aprendizagem, e a casa é para a família. Eles sentem que escola está invadindo a vida doméstica das famílias e desejam que o trabalho acadêmico seja restringido ao dia escolar. Eu me solidarizo com esses pais, porque, na condição de pai, também conheci o lado sombrio do dever de casa, no qual meus filhos se sentiram perdidos e frustrados, ou receberam tanto dever de casa que o sono teve de ser sacrificado.

Alguns professores passam dever de casa porque é isso que todos esperam que eles façam. Raramente uma análise mais aprofundada é feita sobre a quantidade, a qualidade ou a eficácia da tarefa. E, para outros, o dever de casa pode ser uma questão de poder: como sistema de recompensa e castigo para controlar os alunos. Uma rápida revisão das pesquisas sobre o assunto pode ser resumida no trabalho de dois educadores — Robert Marzano e Alfie Kohn.

Marzano. Robert Marzano avaliou as pesquisas sobre o dever de casa e chegou à conclusão de que é uma ferramenta eficaz para a aprendizagem. Ele verificou uma correlação entre a idade do aluno e a eficácia dos trabalhos de casa. Quanto mais velho o aluno, maior o efeito sobre o seu aproveitamento escolar. Os resultados dele estão resumidos na Figura 1.1.

ANO ESCOLAR	GANHO PERCENTUAL
4º ao 6º	+ 6
7º ao 9º	+ 12
10º ao 12º	+ 24

Figura 1.1 Idade do aluno e eficácia do dever de casa.

Marzano também sugeriu uma quantidade ideal de tempo para alunos se envolverem no dever de casa, chamada por ele de a "regra dos 10 minutos". De acordo com essa regra, o tempo do dever de casa seria progressivo conforme o ano cursado, na base de 10 minutos de dever de casa para cada ano escolar. Assim, alunos do 4º ano não receberiam mais do que 40 minutos de dever por dia.

Kohn. O contraponto desse debate sobre deveres de casa pode ser representado por Alfie Kohn. Assim como Marzano, Kohn examinou as pesquisas. Porém, concluiu que os deveres de casa exercem pouco efeito sobre o aproveitamento do aluno e deveriam ser abolidos. Ele afirmou em um vídeo na internet (KOHN, 2009):

> Pensando bem, é meio estranho que, após passar o dia inteiro na escola, as crianças sejam convidadas a fazer mais tarefas acadêmicas ao chegarem em casa. O mais estranho nisso é não acharmos isso estranho. Nunca paramos para nos perguntar se é lógico, se é consistente com nossos objetivos finais para o desenvolvimento da criança ou se existe alguma pesquisa que fundamente essa prática. As perguntas que quero suscitar sobre o dever de casa não são simples, como estipular um limite de tempo para as tarefas de casa. Eu quero fazer a pergunta: "Por que as crianças têm de dedicar um segundo turno trabalhando em tarefas acadêmicas quando chegam em casa?".

Kohn argumenta que os alunos precisam de mais tempo não estruturado para brincar, explorar e se desenvolver fora da estrutura de rigorosos deveres de casa. O autor critica os estudos sobre deveres de casa e questiona o valor de toda atividade extra. Em seu livro *The Homework Myth*[4] ele conclui que "(...) as pesquisas não oferecem nenhuma razão para acreditar que os alunos em salas de aula de alta qualidade, cujos professores passam pouco ou nenhum dever de casa, estejam em desvantagem no que tange a qualquer tipo significativo de aprendizagem" (KOHN, 2006). Ele divide seu resumo em duas categorias: alunos mais jovens e mais velhos. Assevera que, para alunos mais jovens, não existe nenhuma relação, e possivelmente exista até mesmo uma relação negativa, entre a realização de deveres de casa e o aproveitamento escolar. Para alunos mais velhos, afirma que não existe qualquer relação significativa entre a realização de deveres de casa e o aproveitamento escolar, com uma exceção: existe uma relação positiva entre a quantidade de deveres de casa e o ano que o aluno cursa (KOHN, 2006).

Uma solução possível?

Então, qual é a conclusão? O dever de casa beneficia os alunos? Como professor em sala de aula, como alguém que visitou muitas salas de aula mundo afora e como alguém que revisou a literatura, cheguei à conclusão de que o dever de casa, *quando realizado com significado e planejamento*, ajuda os alunos a melhorar seu aproveitamento. O dever de casa tem de ser relevante e significativo e ensinado em um nível proporcional à capacidade do aluno.

Existe outra maneira? E se o dever de casa tomasse menos tempo, fosse mais significativo, mais relevante, com mais foco, e os alunos realmente o fizessem? Já presenciei como a aprendizagem invertida "resolve" esse problema. O dever de casa deixa de ser um drama e se torna uma atividade que prepara os alunos para aprenderem profundamente e se tornarem participantes ativos na experiência da sala de aula.

---

[4] N. de R.T.: *O mito do dever de casa*, em tradução livre. Obra não publicada em língua portuguesa.

APRENDIZAGEM INVERTIDA E TAXONOMIA DE BLOOM

Antes de discutir a aprendizagem invertida, vamos analisar o dever de casa à luz da taxonomia de Bloom.[5] Na sala de aula tradicional, as camadas inferiores da taxonomia de Bloom são feitas em sala de aula, e os alunos são enviados para casa para continuar sua escalada rumo ao topo da taxonomia, completando problemas práticos, projetos e trabalhos em seu próprio tempo, sem a presença de um especialista para ajudar. Em uma sala de aula invertida, as camadas inferiores da taxonomia de Bloom são entregues para cada aluno individualmente, fora da sala de aula, para que todos possam participar de processos cognitivos mais complexos durante as aulas com a presença de seus colegas e de um especialista, o professor.

De baixo para cima

Quando olho para trás e observo minhas aulas antes de me tornar um dos pioneiros da sala de aula invertida junto com Aaron Sams (BERGMANN; SAMS, 2012), percebo que passava a maior parte do tempo ensinando a lembrar e entender e depois mandava meus alunos para casa para aplicar, analisar, avaliar e criar (ver Fig. 1.2). Como pai, vi meus filhos voltando para casa e ficando frustrados com o dever de casa, mas meus filhos podiam recorrer a mim, um educador profissional, pronto para ajudá-los, de modo que minha prática educativa era adequada para meus filhos. No entanto, nem todas as crianças crescem em lares com abundância de educadores.

Muitos alunos vêm de lares desfavorecidos, onde os pais não têm tempo nem experiência para ajudar seus filhos. Em especial, lembro-me da época em que lecionava em uma escola carente em Denver, Colorado, e mandava os alunos fazer o "trabalho difícil" em casa, mas isso não funcionava. Quando eu mandava os alunos fazer em casa tarefas de aplicar e analisar, muitos voltavam de mãos abanando. Alguns deles não tinham o apoio dos pais em casa para

---

[5] N. de R.T.: A taxonomia dos objetivos educacionas de Benjamin Bloom e colaboradores foi publicada em dois volumes, ou manuais (do inglês, *handbook*). A referência utilizada pelo autor é uma adaptação do primeiro manual, intitulado "Domínio Cognitivo", publicado pela primeira vez em 1956, nos Estados Unidos, cuja tradução foi publicada no Brasil em 1972 pela Editora Globo S.A., de Porto Alegre. Houve um segundo manual, intitulado "Domínio Afetivo", que foi publicado nos Estados Unidos, em 1964, e no Brasil, também em 1972. Bloom e sua equipe de trabalho idealizaram a realização de um terceiro manual sobre o domínio psicomotor que jamais foi publicado. Em sua versão original, a taxonomia de objetivos educacionais em seu domínio cognitivo compunha-se de conhecimento, compreensão, aplicação, análise, síntese e avaliação, conforme os termos utilizados na tradução brasileira de 1972.

ajudá-los com as tarefas cognitivas mais difíceis e, assim, não eram bem-sucedidos. Por exemplo, lembro-me de ensinar a meus alunos do 7º ano o ciclo das rochas por meio de uma aula expositiva. Esperava-se que fizessem anotações, depois fossem para casa e respondessem a algumas perguntas em uma folha de exercícios. Fiquei chateado com o percentual de respostas em branco e também com a qualidade das respostas. Uma tarefa costumeira que eu passava para fazer em casa era:

"Uma cordilheira meso-oceânica é uma fronteira divergente pela qual a lava irrompe no assoalho oceânico. Explique o que está acontecendo em termos de rochas ígneas". Essa tarefa exige que os alunos entendam a diferença entre rochas ígneas intrusivas e ígneas extrusivas. Do ponto de vista da taxonomia de Bloom, isso está no nível de aplicação ou de análise. É importante analisar, mas esperar que eles concluíssem essa tarefa por conta própria, com pouca ou nenhuma ajuda, é irrealista, na melhor das hipóteses, e prejudicial, na pior das hipóteses.

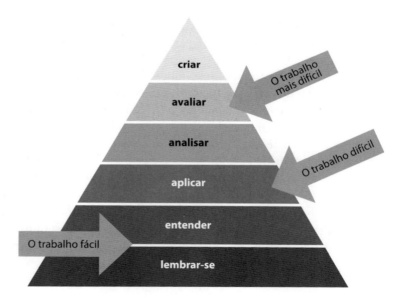

Figura 1.2 Taxonomia de Bloom, fácil/difícil.
Fonte: Anderson e Krathwohl (2001).

De cima para baixo: a sala de aula invertida

E se fôssemos capazes de fazer o "trabalho difícil" em sala de aula e utilizar o tempo do dever de casa para as crianças sedimentarem a compreensão e os conhecimentos básicos? É justamente isso o que acontece na sala de aula invertida. O "trabalho difícil" é feito na presença do recurso mais valioso em qualquer sala de aula — o especialista: o professor! (Ver Fig. 1.3).

Vamos inverter a taxonomia de Bloom. Vamos passar mais tempo em sala de aula com as tarefas cognitivas mais difíceis e menos tempo em sala de aula com as tarefas mais fáceis. No diagrama da Figura 1.2, considere que cada camada da pirâmide é um tempo investido em tarefas diferentes em sala de aula. Os alunos precisam de mais tempo trabalhando nos níveis mais elevados da taxonomia de Bloom na presença do professor para ajudá-los com as camadas inferiores.

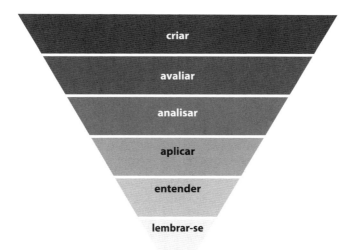

Figura 1.3 Taxonomia de Bloom invertida.

Quando compartilho a taxonomia de Bloom invertida (Fig. 1.3) com os educadores, eles ficam espantados com a quantidade de tempo gasto nas duas camadas superiores da pirâmide. Eles não entendem como seus alunos conseguem gastar essa quantidade de tempo avaliando e criando. Em vez disso, uma imagem mais realista sobre a interseção da aprendizagem invertida com a taxonomia de Bloom é a de um diamante (ver Fig. 1.4). Supondo, novamente, que a área maior representa um maior tempo em sala de aula dedicado àquele nível, a maior parte do tempo em sala de aula será usada para aplicação e análise.

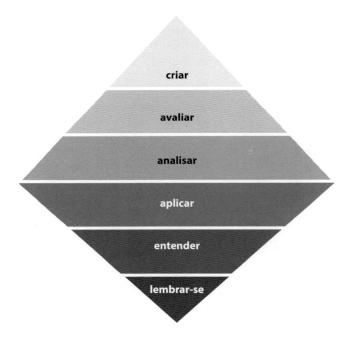

Figura 1.4 Taxonomia de Bloom em formato de diamante.

Durante muito tempo, as escolas têm estado de ponta-cabeça no que diz respeito às tarefas realizadas em sala de aula e fora dela. O tempo em aula deve ser usado mais cuidadosamente, de modo a permitir que todos os alunos recebam o apoio de que necessitam. Fazendo isso, todos os alunos se beneficiam. No modelo de diamante da taxonomia de Bloom, inverter a sala de aula simplifica o processo de aprendizagem para alunos e professores, colocando o recurso certo — o professor — à disposição daqueles que mais precisam dele: alunos se esforçando para cumprir tarefas que demandam processos cognitivos mais complexos. Magdalen Radovich, líder instrucional em Middletown, Nova Jersey, diz que a melhor coisa sobre a aprendizagem invertida é que "o levantamento de pesos leves acontece em casa e o levantamento de pesos pesados acontece na sala de aula, com o professor presente".

A APRENDIZAGEM INVERTIDA ENTRA EM CENA

A aprendizagem invertida é, essencialmente, uma ideia muito simples. Os alunos interagem com material introdutório em casa antes de ir para a sala de aula. Em geral, isso toma a forma de um vídeo instrutivo criado pelo professor. Esse material substitui a instrução direta, que, muitas vezes, é chamada de aula expositiva, em sala de aula. O tempo em sala de aula é, então, realocado para tarefas como projetos, inquirições, debates ou, simplesmente, trabalhos em tarefas que, no velho paradigma, teriam sido enviadas para casa. Essa simples alteração no tempo de se fazer as coisas está transformando as salas de aula mundo afora.

Cada vez mais, professores tornam os deveres de casa mais significativos e eficazes invertendo suas aulas. Em seu âmago, a abordagem da sala de aula invertida é muito simples: a instrução direta e a entrega dos conteúdos básicos são feitas aos alunos por meio de um vídeo instrutivo (que chamarei de vídeo invertido), e, assim, o tempo em sala de aula é dedicado à aplicação, análise e prática, com o professor presente para esclarecer concepções errôneas e perguntas. Basicamente, o trabalho leve é feito antes da aula presencial. Quando docentes e discentes se encontram na sala de aula, o conteúdo básico já foi apresentado, e o tempo da aula, que passa a ter um novo propósito, é usado para envolver os alunos em processos cognitivos mais complexos. Os alunos fazem o trabalho leve antes da aula e o trabalho difícil em aula, onde o professor está lá para ajudá-los.

COMO O DEVER DE CASA INVERTIDO QUEBRA PARADIGMAS

Qual é a diferença entre o dever de casa invertido e o dever de casa tradicional? Curiosamente, o dever de casa invertido desafia algumas das pesquisas sobre dever de casa eficaz. Copper (2001) afirma que o dever de casa nunca deve ser usado para ensinar conteúdo novo. Em vez disso, o dever de casa eficaz é aquele destinado a exercícios e à ampliação da matéria aprendida na sala de aula. O dever de casa invertido é, portanto, uma mudança de paradigma nas melhores práticas de dever de casa. Esse afastamento radical do entendimento tradicional agora é possível devido ao simples fato de que uma aula introdutória do professor pode ser compartilhada de modo interativo e envolvente, possibilitando, assim, que os alunos venham para a sala de aula com conhecimentos básicos suficientes. Assim, o dever de casa invertido não é apenas o oposto do dever de casa convencional, é a sua transformação em um momento de pesquisa.

O dever de casa invertido também soluciona o problema do tempo. Alguns alunos podem completar em 10 minutos uma tarefa que, para outros, demora uma hora inteira. A beleza de um vídeo invertido é que a duração de tempo é fixa. Quando a aula invertida é bem conduzida, os vídeos são breves e sua duração é conhecida. Embora alguns alunos levem mais tempo do que outros interagindo com os vídeos invertidos, o diferencial de tempo é muito menor do que com o típico dever de casa.

PERCEPÇÕES DOS ALUNOS SOBRE O DEVER DE CASA INVERTIDO

Alunos ao redor do mundo estão aprendendo em salas de aula invertidas. Elas podem ser encontradas em praticamente todos os países, em todas as disciplinas e em todos os níveis de ensino. Quais são as percepções *dos alunos* sobre a interseção entre dever de casa e aprendizagem invertida? Ao escrever este livro, entrei em contato com professores de salas de aula invertidas do mundo inteiro e solicitei a eles que administrassem uma pesquisa a seus alunos. Enviei convites a professores com os quais eu havia trabalhado e até mesmo publiquei pedidos por meio de inúmeras redes sociais. Esse não é um experimento científico com grupos de controle e um protocolo de pesquisa definido. Porém, o grande número de respostas contribui bastante para entendermos a percepção dos alunos sobre a aprendizagem invertida e, mais especificamente, a sua relação com o dever de casa. Para ver o questionário original, acesse bit.ly/fliphw. Os dados são interessantes e persuasivos. Vou compartilhar alguns dos resultados neste capítulo e em outras partes do livro.

A pesquisa contou com a participação de 2.344 alunos (a maioria dos quais era dos Estados Unidos; ver Fig. 1.5) de vários anos escolares, conforme mostrado na Figura 1.6. Os alunos frequentavam uma variedade de disciplinas invertidas (ver Fig. 1.7). O fato de que houve 3.578 respostas para a pergunta apresentada na Figura 1.7 indica que muitos alunos estavam em mais de uma disciplina invertida.

Aprendizagem invertida para resolver o problema do dever de casa **13**

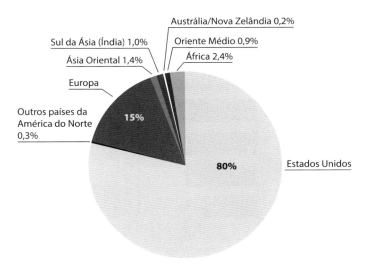

Figura 1.5 País de origem dos participantes da pesquisa.

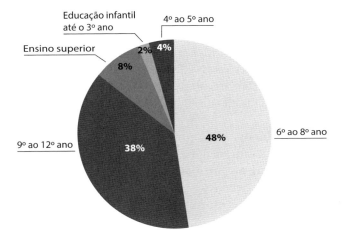

Figura 1.6 Ano escolar dos entrevistados.[6]

---

[6] N. de R.T.: Embora a divisão dos níveis escolares da pesquisa apresentada na Figura 1.6 seja relativa à estrutura estadunidense, com as alterações introduzidas na legislação brasileira pelo Projeto de Lei (PL) 144/2055, que instituiu a mudança do ciclo de 8 para 9 anos no ensino fundamental, a comparação entre os modelos se torna facilitada, lembrando que o ensino médio brasileiro é composto por três anos, e o *High School* é composto de quatro anos, daí a referência ao segmento do 9º ao 12º ano na figura.

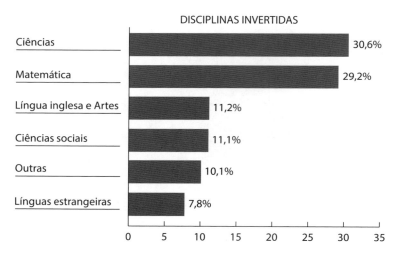

Figura 1.7 Disciplinas cursadas pelos participantes da pesquisa.

É interessante observar que a maioria das aulas invertidas era de ciências e matemática. Embora esses dados possam sugerir que é mais fácil inverter essas disciplinas, não estou convencido disso. Acredito que as aulas de todas as disciplinas podem ser invertidas, com modificações importantes. Por esse motivo que Aaron Sams e eu escrevemos a *Flipped Learning Series*,[7] que inclui livros sobre como inverter as aulas em cinco cenários diferentes — ciências, matemática, língua inglesa, estudos sociais e primeiros anos do ensino fundamental.

As respostas dos alunos à pergunta "Se tivesse de escolher entre uma aula invertida e uma aula mais tradicional, qual você escolheria?" são mostradas na Figura 1.8. A maioria prefere a aprendizagem invertida ou não tem preferência. Com base nos benefícios adicionais citados ao longo deste livro, a aprendizagem invertida é um modelo cuja aplicação deve ser estudada profundamente.

---

[7] N. de T.: Conjunto de obras pioneiras sobre aprendizagem invertida lançadas pelos autores a partir de 2007.

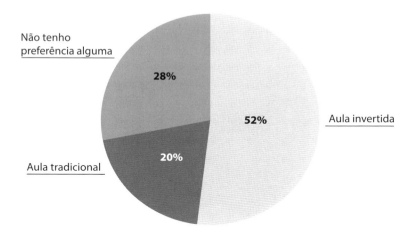

Figura 1.8 Respostas dos alunos sobre a preferência por aulas tradicionais ou invertidas.

Tempo diante da tela e vídeos invertidos

Uma das críticas que costumo ouvir é a de que a aprendizagem invertida adiciona tempo diante da tela para crianças que já passam muito tempo na frente de uma ou muitas telas. Sou sensível a esse pormenor, pois acredito que as crianças (e os adultos) passam tempo demais na frente de telas. E a aprendizagem precisa ocorrer em ambientes ricos e cativantes, não só dessa maneira. Quero que os alunos se afastem de suas telas e saiam para o ar livre, participem de jogos, inventem, andem de bicicleta e apenas sejam crianças. Assim, fiz a seguinte pergunta: "Como o vídeo invertido afeta seu tempo total diante da tela?". Fiquei agradavelmente surpreso pelo fato de que, em muitas respostas, os alunos estão substituindo outro tempo de tela com uma tarefa do dever de casa invertido (ver Fig. 1.9).

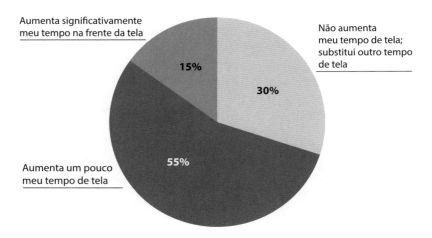

Figura 1.9 Respostas dos alunos sobre vídeos invertidos e tempo de tela.

Concluí a pesquisa com duas perguntas abertas, em que eu solicitava aos alunos que me contassem as desvantagens e as vantagens de um dever de casa invertido.

Desvantagens

Um grande percentual dos alunos afirmou que não existiam desvantagens, e alguns foram bastante incisivos quanto a isso. No entanto, claramente existem alguns desafios, conforme resumido nas seguintes citações de alguns dos 2.344 alunos participantes da pesquisa:

- Se você está confuso, precisa esperar até o outro dia ou demora um tempo e, às vezes, eles não nos ajudam, por isso, às vezes, é bastante confuso.
- Não podemos fazer perguntas enquanto assistimos ao vídeo. Temos que enviar um *e-mail* ao professor ou esperar até a aula no dia seguinte.
- Algumas das desvantagens são que, às vezes, o vídeo pode ser comprido demais e eu tenho menos tempo para as outras disciplinas.
- Sou uma pessoa que "aprende na prática", por isso não entendo tão bem quanto na escola.
- É difícil prestar atenção no assunto.
- Tenho que utilizar meu computador, e minha internet é péssima.

- Se um aluno não faz um dever de casa [tarefa], ele não vai saber o que está se passando, ou se estiver tentando fazer anotações e não entender algo, não conseguirá outra explicação que possa entender (a menos que o professor lhe permita fazer perguntas sobre as anotações no próximo dia, coisa que nosso professor deixa).
- Às vezes, precisamos de um professor para nos ensinar se a gente não entende.

Enquanto percorro as respostas apresentadas e analiso o restante da pesquisa, noto que alguns alunos definitivamente tiveram certa dificuldade em acessar o conteúdo. Isso ilustra como é importante garantir o acesso igualitário de um vídeo invertido a todos os alunos. Outro tópico importante é o de que os alunos queriam ajuda quando interagiam pela primeira vez com o conteúdo. Mais adiante neste livro, vou compartilhar com mais detalhes como esses desafios estão sendo abordados.

Vantagens

Os alunos que consideraram o dever de casa invertido vantajoso fizeram as seguintes observações:

- Conseguimos cumprir a tarefa em qualquer hora do dia.
- Você é estimulado a fazer perguntas sobre o dever de casa durante a aula.
- O sistema nos ajuda a fazer menos trabalho e a entender melhor.
- Quando você primeiro assiste ao vídeo, depois faz anotações e, por fim, faz o dever de casa, é muito mais fácil e menos estressante.
- Estou mais concentrado na tarefa e consigo aprender em um ritmo melhor em comparação a quando o professor está ensinando para a sala de aula inteira.
- Você pode assistir aos vídeos de novo se não entende.
- É mais fácil de entender, e o dever de casa não demora tanto.
- Temos a chance de fazer o dever de casa dentro e fora da escola.
- Temos tempo para pensar, e é mais fácil de sermos aprovados nas tarefas e nas avaliações.
- A turma tem mais tempo para debater, e o professor pode responder a todas as minhas perguntas.
- Os alunos fazem as coisas mais difíceis em sala de aula, e posso preparar com antecedência as perguntas para os professores.

- Você pode fazer [a tarefa] mesmo se estiver confuso e depois fazer as perguntas quando for para a aula, em vez de simplesmente não conseguir fazê-la.
- Em uma sala de aula tradicional, o dever de casa é um pedaço de papel que pode ser facilmente extraviado. Mas, em uma sala de aula invertida, com dever de casa eletrônico, podemos recuperá-lo: basta ter acesso a um computador.
- É bem mais fácil, e você faz [a tarefa] em seu próprio tempo e aprende em seu próprio ritmo.

Os alunos gostam de ter maior controle sobre sua aprendizagem, de pausar e voltar a um ponto específico do vídeo dos professores, de ter mais acesso ao professor e de progredir em seu próprio ritmo. A pesquisa mostra uma preferência esmagadora pelo dever de casa invertido.

TÓPICOS UNIVERSAIS ENTRE OS ALUNOS

Quando falo com os alunos em salas de aula invertidas do mundo inteiro, é extraordinário que eles raramente discutem os vídeos invertidos. Descobri os seguintes três tópicos que com mais frequência vêm à tona:

1. *Acesso aos professores.* Os alunos precisam de auxílio de professores, e, já que há mais tempo para os professores ajudarem as crianças, elas são mais assistidas.

2. *Atividades de aula envolventes.* Com mais tempo em sala de aula, os alunos relatam que as atividades se conectam com sua aprendizagem. Isso mostra que os vídeos do dever de casa invertido cumprem sua finalidade. Os alunos percebem que, se fizerem o dever de casa, ficam preparados para se envolver em atividades significativas na sala da aula.

3. *Tempo colaborativo.* Em uma aula invertida, em geral, os alunos trabalham em pequenos grupos e encontram significado por meio da interação e colaboração com seus pares. Apreciam o tempo que têm para trabalhar junto com os colegas.

Claramente, a aprendizagem invertida está ecoando bem entre os alunos, e eles a preferem. Durante uma edição recente de meu programa de rádio, tive a oportunidade de entrevistar Caroline Kurban, diretora do Centro de Excelência em Aprendizagem e Ensino da MEF University, em Istambul, na Turquia. O fundador da MEF University, Dr. İbrahim Arikan, estava investigando modos inovadores de oferecer ensino e aprendizagem quando se deparou com a aprendizagem invertida. Ele instruiu o reitor, Dr. Mohamed Shaheen, a entrevistar professores universitários e descobrir o que eles pensavam a respeito da aprendizagem invertida. Dr. Shaheen foi instruído a simplesmente explicar a aprendizagem invertida e deixar os professores falarem. No final do fórum, aproximadamente 80% dos docentes se opuseram à aprendizagem invertida como metodologia de ensino. Frustrado, o Dr. Shaheen procurou o Dr. Arikan e solicitou novas orientações. O Dr. Arikan indicou que ele repetisse os fóruns e incluísse os alunos que frequentavam as universidades em que os professores lecionavam. As diferenças foram da água para o vinho: 80% dos alunos queriam experimentar uma sala de aula invertida. A vontade dos alunos pesou na balança, e, quando a MEF University abriu as suas portas, em 2014, foi inaugurada como a primeira universidade do mundo totalmente invertida.

2

Os diferenciais de um bom dever de casa invertido

CRIANDO VÍDEOS E TAREFAS EFICIENTES PARA OS DEVERES DE CASA INVERTIDOS

Em geral, o dever de casa invertido toma a forma de um breve vídeo instrucional criado pelos professores e assistido pelos alunos antes da aula. Também pode ser um exercício de leitura interativa curto, com o qual os alunos interagem antes da aula. O conteúdo do trabalho prévio depende da aula, do tópico e do ano escolar dos alunos e tem uma natureza geralmente introdutória. Por exemplo, se um professor de biologia criou um vídeo descrevendo a função e o sincronismo das diferentes válvulas cardíacas, o trabalho prévio pode ser uma atividade em sala de aula na qual os alunos investigam corações de sapos. Outro exemplo: um professor dos anos iniciais do ensino fundamental cria um vídeo rápido sobre como identificar o tópico principal em uma leitura, e o tempo em sala de aula é dedicado para os alunos encontrarem o tópico principal em uma leitura diferente.

O QUE TORNA O DEVER DE CASA EFICAZ

Cathy Vatterott (2010) identificou cinco "diferenciais" do dever de casa eficaz — finalidade, eficiência, apropriação, competência e apelo estético. O trabalho de Vatterott é o padrão-ouro no que se refere aos elementos necessários para um dever de casa eficaz e significativo, e o que me impressiona nele é como o dever de casa invertido é o veículo perfeito para o que ela considera os diferenciais do dever de casa eficaz. Vamos examinar cada um dos diferenciais à luz do dever de casa invertido e abordar como, na aprendizagem invertida, ele está deixando de ser um "drama".

Finalidade

O dever de casa deve ter uma finalidade específica. Se os alunos o enxergarem como algo significativo,[1] têm mais probabilidade de se envolverem, realizá-lo e fazê-lo bem-feito. Acredito que todos os seres humanos têm um desejo inato de aprender. Somos uma espécie curiosa que prospera com a entrada de dados e *feedback*. Os alunos são muito perceptivos. Farejam de longe que a tarefa tem pouca ou nenhuma finalidade. Trabalho inútil é a morte da finalidade. Faça um esforço para que o dever de casa seja significativo.

Para você não pensar que vivo em um mundo de realidade paralela, quero admitir que nem todos os deveres de casa vão parecer significativos para todos os alunos. Nem todos vão adorar o que ensinamos. Algumas crianças podem amar matemática e não gostar de literatura e vice-versa. Muitas vezes, aprender é difícil, e alguns alunos querem escolher a saída mais fácil. Nem toda aprendizagem é, ou deveria ser, "divertida". Às vezes, os alunos simplesmente precisam praticar o que aprenderam para reforçar habilidades e conhecimentos. Assim, não perca tempo na questão de tornar o dever de casa divertido. Em vez disso, certifique-se de que ele tenha uma finalidade. Todos os alunos, mesmo aqueles em uma disciplina obrigatória na qual não estão interessados, querem ter sucesso.

Os vídeos invertidos são uma forma de permitir que o conteúdo dos níveis iniciais da taxonomia de Bloom invertida seja acessado na forma de um dever de casa para que o tempo de aula seja redirecionado para atividades que necessitem de outros domínios cognitivos, nos níveis mais elevados da taxonomia de Bloom invertida. No dever de casa invertido, as tarefas transformam o *tempo de aula* em tempo de *aprendizagem, envolvimento* e *significado*. A aprendizagem invertida torna o dever de casa mais significativo ao dar mais finalidade e envolvimento ao tempo em sala de aula.

---

[1] N. de R.T.: O conceito de aprendizagem significativa tem suas raízes no trabalho de John Dewey nos anos 1910-1920, nos Estados Unidos, posteriormente desenvolvido por David Ausubel entre os anos 1960-1970.

Eficiência

A maioria dos deveres de casa tradicionais exige muito tempo. Muitas vezes, os alunos precisam trabalhar horas a fio após a escola, em tarefas que talvez não entendam completamente. Como já foi observado, um vídeo invertido, quando bem realizado, é curto. Na pesquisa com os alunos apresentada no Capítulo 1, fiz três perguntas sobre como um vídeo invertido abordava a questão da eficiência:

1. *Quanto tempo leva seu dever de casa na sala de aula invertida em comparação com o mesmo em suas aulas não invertidas?* É interessante notar que, embora somente 15% tenham relatado que leva mais tempo, a maioria — 52% — revelou que o dever de casa invertido levou menos tempo (ver Fig. 2.1).

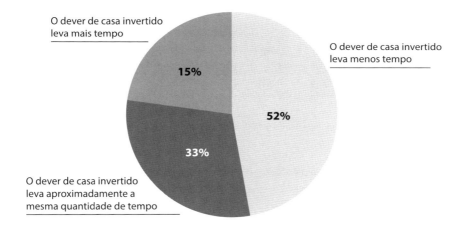

Figura 2.1 Respostas dos alunos sobre o tempo para o dever de casa invertido *versus* dever de casa não invertido.

2. *Quando você assiste a um vídeo invertido, qual é a parcela do tempo total que você leva para assisti-lo, incluindo a quantidade de tempo para fazer uma pausa e tomar notas?* As respostas a essa questão (ver Fig. 2.2), junto com as respostas para a pergunta anterior, revelam que o dever de casa leva menos tempo e que essa quantidade pode ser prevista. Esse resultado é contundente. Já não precisamos nos preocupar com o fato de que, para ser concluído, o dever de casa exigirá horas de um aluno e minutos de outro.

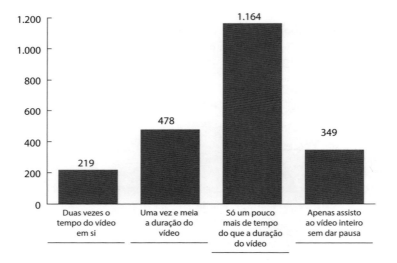

Figura 2.2 Respostas dos alunos sobre o tempo gasto para assistir ao vídeo.

3. *Em média, quantos minutos têm os vídeos invertidos dos professores?* A magia da aprendizagem invertida não acontece no vídeo. Em vez disso, ele prepara o terreno para que a sala de aula seja um lugar com riqueza de aprendizagem e interação. Sinto-me encorajado pelas respostas dos alunos a essa pergunta (ver Fig. 2.3), pois apenas poucos deles relataram vídeos invertidos longos demais. Estes devem ser fontes de informação densas e breves. É incrível a quantidade de conteúdos que você consegue colocar em um vídeo breve (microvídeo).

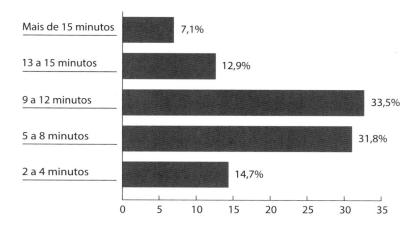

Figura 2.3 Respostas dos alunos sobre a duração dos vídeos invertidos dos professores.

Apropriação

Em um mundo ideal, os alunos adorariam todas as aulas das quais participam. Demonstrariam interesse em todos os tópicos, seriam automotivados e se apropriariam plenamente de sua aprendizagem. Contudo, por uma série de motivos, alguns deles não se mostram motivados em todas as aulas. Como captar seu interesse? Como fazer para que se apropriem de sua aprendizagem?

Para aqueles que são naturalmente entusiasmados pelo tópico, a apropriação é fácil. O aluno que aspira ser um escritor vai curtir redação, aquele que gosta de lidar com mecânica vai curtir física, e o apaixonado por narrativas vai adorar história. Mas e quanto a disciplinas obrigatórias, que podem deixar alguns alunos desmotivados?

Relacionamento. Acredito que o segredo para se apropriar de qualquer experiência de aprendizagem é uma palavra singela: relacionamento. Nós, como seres humanos, prosperamos melhor no contexto de relações significativas e positivas. Somos programados para nos conectar com outros seres humanos. Uma coisa que já experimentei e ouvi inúmeras vezes de professores de aprendizagem invertida é como ela melhora os relacionamentos com os alunos. Um tempo atrás, Troy Faulkner, professor de matemática do ensino médio em Minnesota, me enviou o seguinte *e-mail*, após o falecimento da sogra dele:

Obrigado por suas orações. Pensei em compartilhar com você que meus alunos têm demonstrado solidariedade e preocupação por mim nesses dias de luto. Já enfrentei outras perdas antes e não me lembro de uma reação parecida com essa em outras turmas que lecionei. Não sei o motivo pelo qual eles estão expressando sua preocupação por mim e minha esposa, mas fico me perguntando se é por causa das relações que desenvolvemos pelo fato de eu estar utilizando a aprendizagem invertida e ter começado a trabalhar com os estudantes um a um.

Isso parece confirmar o velho adágio: "Alunos não se importam com o que você sabe até saberem com o que você se importa". Se quisermos que eles se apropriem da aprendizagem em nossas aulas, precisamos alcançar não apenas suas mentes, mas também seus corações.

Aulas envolventes, relevantes e significativas. Outro aspecto para convencer os alunos a se apropriarem de sua aprendizagem é tornar as aulas envolventes, relevantes e significativas. Esse é um problema complexo, pois cada aluno vem para a sala de aula com suas próprias experiências e bagagens. A aprendizagem invertida leva isso em conta, pois o tempo em aula é reajustado, e há tempo durante a aula para criar experiências enriquecedoras e significativas. Nós, professores, ensinamos certas disciplinas porque, em algum momento de nossas vidas, fomos cativados por aquele conteúdo. Ensinei química porque tinha amor pela ciência e um profundo apreço pelo mundo natural. A última coisa que queria fazer era afastar meus alunos de algo que eu amava.

E quando me desviei do tipo de aula de divulgação de conhecimento e criei um modelo que expressava a riqueza das ciências, a grande maioria de meus alunos mostrou um maior apreço pela química. Eu percebia que eles falavam sobre química nos corredores, ajudavam uns aos outros com conceitos difíceis e estavam genuinamente envolvidos na disciplina. No final de cada ano escolar, eu envolvia os alunos em um projeto de conclusão. Concebi a tarefa de modo a conectar a maioria dos tópicos aprendidos por eles ao longo do ano. Dei a eles uma explicação de uma página sobre a proposta e três semanas de tempo de aula para que eles a concluíssem. Eles demonstravam seu trabalho entregando um ensaio ampliado, que tinha geralmente umas 40 páginas. Em segundo lugar, eu entrevistava cada um deles, ocasião em que fazia perguntas conceituais que pressupunham domínios cognitivos mais complexos e que abordavam o cerne da disciplina. Eu já havia executado o projeto antes de começar a inverter minhas aulas e notei grandes diferenças após a mudança no formato da disciplina. Percebi as maiores delas durante as entrevistas, nas quais os alunos foram capazes de interagir comigo em um nível muito mais profundo. Uma coisa puxava a outra e, na maior parte do tempo, a interação tornava-se mais uma conversa sobre química e menos uma sessão focada em perguntas e respostas. Credito essa transformação à aprendizagem invertida. Os alunos abraçavam o trabalho árduo e as dificuldades de aprendizagem e se apropriavam de sua aprendizagem.

Escolha. Do meu ponto de vista, entendo que dar escolha aos alunos aumentará a sua apropriação sobre a própria aprendizagem (ver Fig. 2.4). Acredito em currículos e conteúdos, mas, se quisermos obter o interesse de nossos estudantes, vamos dar a eles alguma escolha em sua aprendizagem. Muitas pessoas inteligentes participaram de comitês curriculares e decidiram o que é importante que os alunos aprendam. Essas reuniões resultaram em nossos padrões e expectativas atuais. Concordo que, em nossa sociedade, há coisas que esperamos que todos os alunos aprendam e sejam capazes de fazer. No entanto, meu argumento aqui é o de que precisamos lhes dar alguma escolha, porque isso resultará no aumento da apropriação da aprendizagem por parte deles. Os interesses dos alunos podem estar além dos padrões e das competências estabelecidos. Gosto de pensar nisso como um *continuum*, tendo, em uma ponta, os conteúdos e os padrões e, em outra, a escolha.

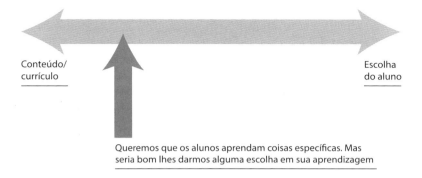

Figura 2.4 Conteúdo *versus* escolha do aluno.

Embora a maioria de meus alunos tenha escolhido assistir a meu vídeo invertido e interagir com ele, alguns deles escolheram acessar o conteúdo de outras maneiras. Exemplos de possibilidades que vi serem aplicadas incluem permitir que os alunos:

- assistam ao vídeo criado pelo professor ou a um vídeo *on-line*;
- leiam o livro-texto em vez de assistirem ao vídeo invertido;
- se envolvam em uma simulação *on-line* em vez de assistirem ao vídeo criado pelo professor;
- escolham como eles vão interagir com o conteúdo (p. ex., alguns estudantes precisam da estrutura de uma folha para anotações enquanto outros simplesmente assistem ao vídeo para alcançar o entendimento).

Em última análise, é importante saber os pontos fortes e fracos de cada aluno, individualmente, a fim de determinar a melhor forma para eles acessarem e interagirem com o dever de casa invertido.

Competência

Com muita frequência, o dever de casa é simplesmente muito difícil para os alunos. Nós, professores, nos queixamos de que eles não fazem o que foi solicitado e, com frequência, isso acontece porque saem da sala de aula com atividades que simplesmente não conseguem concluir. Chegam em casa e podem até tentar, mas, por variadas razões, não têm base nem experiência para completar a tarefa. No entanto, um vídeo invertido é algo de que todos conseguem dar conta. Quando bem-feito, um vídeo invertido se concentra na cognição de nível inferior — em termos da taxonomia de Bloom, recomendo que ele esteja apenas no nível de conhecimento ou de compreensão. Deixe a aplicação, a análise e os componentes de cognição de nível superior para o tempo em sala de aula, quando o professor estiver presente.

Recentemente, a filha de meu amigo, que está frequentando aulas de matemática em uma sala de aula invertida no ensino médio, me contou que adorava esse modelo de instrução. Indaguei por quê, e ela disse: "Finalmente estou entendendo matemática". Eu a incentivei a dar uma explicação mais aprofundada, e ela me contou que o dever de casa era fácil e, melhor ainda, sobrava o tempo inteiro da aula para ela obter ajuda do professor sobre as coisas que não entendia.

Na pesquisa com alunos que mencionei no Capítulo 1, perguntei a eles: "De que modo os vídeos invertidos ajudam vocês a entender o conteúdo do curso?".

Solicitei que eles utilizassem uma escala de 1 a 5, com o 1 representando que os vídeos invertidos tornavam a compreensão bem mais difícil e o 5 representando que eles tornavam a compreensão bem mais fácil. Conforme revelado na Figura 2.5, a grande maioria teve a sensação de que essa ferramenta tinha sido um grande auxílio.

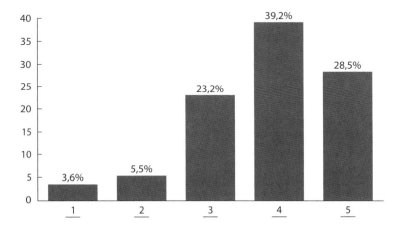

Figura 2.5 Respostas dos alunos sobre vídeos invertidos e compreensão do conteúdo (com 1 representando "Dificultando bastante a compreensão" e 5 representando "Facilitando bastante a compreensão").

Apelo estético

Ao ler a pesquisa sobre os diferenciais do bom dever de casa, fiquei particularmente surpreso com a inclusão do apelo estético. O visual de uma tarefa de fato faz a diferença para os alunos. Magdalen Radovich, que apresentamos no Capítulo 1, me contou que os professores dela, quando mudavam para o modelo de sala de aula invertida, "elevavam" o padrão. Em vez de passarem deveres de casa inúteis e, muitas vezes, sem sentido, começaram a aprimorar sua qualidade e seu *visual*. Acredito que isso acontece porque um vídeo invertido é um objeto de aprendizagem demasiado público; ele será acessado por alunos, pais e, possivelmente, por muitas outras pessoas. Em meu caso, quando postei meus vídeos instrutivos no YouTube e comecei a receber comentários do mundo inteiro, fiquei motivado a criar conteúdo de qualidade.

Magdalen também observou que, quando os professores combinavam seus vídeos invertidos com uma ferramenta formativa, como o Formulários Google,[2] o uso de um *design* mais limpo e enxuto simplesmente oferecia de forma mais simples uma aparência muito boa. Ela observa que muitos membros de sua equipe não invertida com frequência passam deveres de casa mal planejados, pouco atrativos, que dão a impressão de terem sido improvisados, e os alunos percebem isso. Hoje em dia, com a disponibilidade de muitos objetos de aprendizagem de qualidade, os estudantes atuais, muito mais versados nas possibilidades que as mídias oferecem, têm expectativas mais elevadas. Independentemente de você inverter ou não sua sala de aula, como professores, precisamos aprimorar nossos métodos. Vamos criar tarefas esteticamente agradáveis que melhorem a aprendizagem dos alunos. De fato, não temos mais como inventar uma desculpa, considerando o quanto é fácil hoje em dia acessar ferramentas tecnológicas de alta qualidade.

Manel Trenchs, professor de arte na França, organiza o conteúdo de sua sala de aula invertida de forma simples, limpa e esteticamente atraente (ver Fig. 2.6).

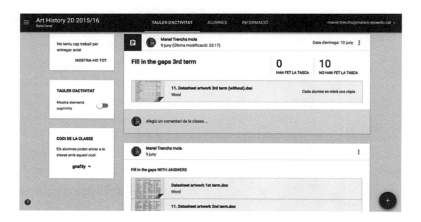

Figura 2.6 Conteúdo das aulas invertidas de Manel Trenchs.

---

[2] N. de R.T.: Plataforma gratuita desenvolvida pelo Google que permite a criação de questionários e pesquisas. Disponível em: https://gsuite.google.com.br/intl/pt-BR/products/forms.

O dever de casa invertido representa uma mudança de paradigma na concepção dessas tarefas e, ao mesmo tempo, representa os melhores aspectos do que o torna eficaz. No próximo capítulo, esmiuçaremos estratégias práticas para criar deveres de casa significativos em um contexto invertido.

3

Estratégias invertidas para educadores

Inverter uma sala de aula exige coragem. Envolve repensar tanto o dever de casa quanto o tempo em sala de aula. Suscita novos desafios que os professores precisam dominar. Este capítulo foca as estratégias peculiares necessárias para que a experiência da sala de aula invertida como um todo se torne um sucesso para alunos e professores.

SOCORRO! MEUS FILHOS NÃO FIZERAM O DEVER DE CASA

Vamos reconhecer: nem todos os alunos irão fazer os deveres de casa. A conclusão dessa tarefa é um problema que existe independentemente de você inverter ou não suas aulas. Já tive alunos que não faziam o dever de casa invertido, então o vídeo invertido não é a varinha de condão que vai resolver esse problema. Mas posso afirmar que um percentual maior de alunos completava as tarefas de vídeo invertido do que as tarefas do dever de casa tradicional. Eis algumas sugestões práticas que irão aumentar as chances de os alunos assistirem ao vídeo e realizarem o que foi solicitado.

Torne os alunos responsáveis

Os alunos precisam saber que vão ser responsabilizados pelo trabalho que fazem. Uma forma de responsabilizá-los é atribuir uma nota por assistir ao vídeo. Caso não cumpram a tarefa, são convidados a assistir aos vídeos invertidos em sala de aula, enquanto aqueles que concluíram a tarefa aplicam os conceitos do vídeo invertido e fazem essencialmente o "trabalho difícil". Os alunos que não tiverem concluído a tarefa de vídeo invertido vão aprender depressa que, em longo prazo, é mais fácil e menos demorado completar o dever de casa.

Obtenha ajuda dos próprios colegas dos alunos

Planeje uma atividade em aula que só possa ser concluída se *todos* concluírem o trabalho prévio. Em uma situação dessas, a pressão dos colegas é, muitas vezes, colocada sobre aqueles que não tiverem feito a tarefa necessária. Durante uma viagem ao Reino Unido, conversei com alguns alunos em uma sala de aula invertida sobre aqueles que não faziam o dever de casa invertido. Eles me contaram que, quando algum colega não cumpria o combinado, eles "pegavam no pé" dele, pois tinham de "carregá-lo nas costas".

Ligue para casa

Ligue para a casa dos alunos e troque ideias com os pais sobre os motivos pelos quais o filho deles não está indo bem nos estudos. Nas ocasiões em que fiz isso e expliquei a natureza de uma tarefa de vídeo invertido, eles foram bastante solidários.

Converse individualmente com os alunos

Nada como um bate-papo cara a cara com o aluno que não está assistindo aos vídeos invertidos para descobrir o que está acontecendo. Em muitas ocasiões, apenas enfatizar a importância dessas tarefas para seu sucesso na sala de aula vai redirecionar os alunos para os trilhos. Acredito que a maioria dos alunos quer ir bem. Às vezes, eles estão tão assoberbados com suas vidas que a escola fica em segundo plano. E dar ouvidos a eles é uma forma de buscar seu sucesso.

Muitas vezes descobri, durante as conversas cara a cara com meus alunos, que existiam questões (tais como trabalhos após a escola ou problemas familiares) que os impediam de realizar o dever de casa. Em um caso, notei que um aluno que se esforçava muito, mas tinha dificuldades. Por meio de minhas interações com ele, fiquei sabendo que ele se tornara um sem-teto. Então o encaminhei a alguns dos profissionais de saúde mental em nossa escola, e ele conseguiu obter o auxílio de que precisava. Se esse menino estivesse em minha sala de aula tradicional (ou seja, não invertida), não tenho certeza se teria detectado seus sinais de aflição e providenciado que sua necessidade fosse atendida. Problemas assim já existiam antes de eu inverter minha sala de aula, mas, depois que o fiz, comecei a prestar mais atenção neles, devido ao aumento de minhas interações com os alunos. As mais profundas reforçaram para mim a importância dos relacionamentos na educação.

Não passe a mão na cabeça das crianças

Muitos professores cometem o erro de "passar a mão na cabeça" dos alunos que não assistiram ao vídeo invertido, fornecendo a eles instrução presencial. Isso envia a mensagem para aqueles que concluíram as tarefas de que não vale a pena fazê-las. Nunca seja condescendente com as más escolhas dos alunos.

Torne a aula mais envolvente

As crianças realmente querem aprender. E quanto mais envolventes e relevantes forem as experiências em aula, mais os alunos vão participar e querer fazer o trabalho prévio. Assim, planejar uma aula envolvente é essencial para fazer a aprendizagem invertida funcionar.

CRIANDO VÍDEOS INVERTIDOS DE QUALIDADE

A maioria dos professores que inverte suas aulas potencializa vídeos para o trabalho prévio. A seguir, estão listadas as melhores práticas para a criação de vídeos invertidos *eficazes*:

- *Breves.* Um vídeo invertido, quando bem-feito, é breve. Para alunos dos anos iniciais do ensino fundamental, eles devem ter menos de 10 minutos de duração e, para aqueles dos anos finais, menos de 15 minutos. Os vídeos invertidos também devem ser muito focados em um objetivo de aprendizagem específico. Um vídeo de sete minutos deve tomar mais ou menos 10 a 15 minutos para ser concluído (já que o aluno vai interagir, fazer anotações, responder e fazer perguntas, pausar e reproduzir novamente).
- *Tópico único.* Cada vídeo invertido deve abranger um tópico. Se uma aula tem várias partes, é melhor criar múltiplos vídeos para abordar o assunto.

- *Interativos.* É fundamental que os alunos não apenas assistam ao vídeo; eles devem ser cobrados para fazer *algo* com essa experiência. Faça os alunos tomarem notas, responder a perguntas ou responder a um desafio em uma ferramenta *on-line.* (A miríade de formas para construir interatividade em um vídeo invertido será discutida em detalhes mais adiante no livro.)
- *Introdutórios.* Os vídeos invertidos normalmente introduzem conteúdo novo, que, depois, é aprofundado durante o tempo em sala de aula. Porém, alguns professores invertem o conceito de vídeo invertido e os criam para serem usados no meio do ciclo de instrução, e não no início. Em especial, isso acontece quando os professores estão usando um processo de inquirição.

Para muitos professores, o vídeo é um novo meio de ensino. A seguir, estão listadas algumas das melhores práticas para a criação de vídeos invertidos *envolventes*:

- *Mantenha o texto ao mínimo necessário.* Os professores muitas vezes cometem o erro de criar vídeos invertidos carregados de texto. O vídeo é um meio visual e é mais adaptado a imagens e ação. Não faça simplesmente um vídeo a partir de um *slide* de PowerPoint poluído. Se os alunos precisarem ler algo, então passe uma leitura como tarefa. Já constatei que, em muitos casos, substituir um *slide* de PowerPoint do professor por um excelente gráfico e, depois, usar o texto como roteiro para o vídeo funciona muito bem.
- *Não faça o vídeo sozinho.* Inclua um professor parceiro no vídeo. Um professor deve encenar o papel de especialista, e o outro, o de um aluno investigativo. Os alunos vão achar envolvente essa interação entre duas pessoas e vão apreender mais das informações retransmitidas.
- *Preste atenção especial à qualidade do áudio.* O detalhe técnico mais negligenciado nos vídeos invertidos é a qualidade do áudio. Em geral, o microfone embutido nos dispositivos mais modernos é adequado, mas é importante que a gravação seja feita em um ambiente silencioso.
- *Inclua anotações.* Desenhar na tela usando um dispositivo tipo caneta irá aumentar significativamente o nível de envolvimento do aluno. Existe um leque de formas para utilizar anotações nos vídeos — aplicativos, bloco de notas digital e a gravação de um professor ao lado de um quadro branco são três exemplos.

- *Anime sua voz.* Alguns professores se encaramujam ao fazer um vídeo sem uma plateia ao vivo. Talvez não seja fácil falar com energia e entusiasmo ao gravar um vídeo sozinho em uma sala, mas você deve ter em mente o público que você está tentando envolver — seus alunos. Ao gravar, fale como se eles realmente estivessem lá. Acrescente pitadas de humor, criatividade e diversão em seus vídeos.

Além disso, há uma lista de verificação (*checklist*) sobre vídeos invertidos nos Apêndices deste livro. Ela inclui 17 itens a serem considerados para a criação de um vídeo de qualidade e divide-se em três partes — sobre tecnologia, sobre o conteúdo do vídeo e sobre outras considerações.

ENSINE SEUS ALUNOS COMO ASSISTIR AOS VÍDEOS INVERTIDOS

Assistir a um vídeo instrucional é diferente de assistir a um vídeo para entretenimento. Os alunos compreendem inerentemente como assistir ao mais recente filme de super-herói, mas precisam ser ensinados a assistir a conteúdos instrucionais. Comparo a diferença entre aprender a ler um livro-texto e um romance. Essa é uma habilidade que deve ser ensinada. Os professores precisam dedicar algum tempo no início do ano escolar ensinando seus alunos a assistir a vídeos com conteúdo instrucional. Ross Nelson, professor de matemática do 6º ano no Texas, tem uma forma eficaz de ensinar esse processo. Ele passa as 2 a 3 primeiras semanas do ano escolar assistindo aos vídeos com seus alunos em sala de aula e orienta a turma sobre os três passos para se certificar de que eles estão aprendendo:

1. *Assistir, escutar e processar.* Os alunos assistem ao vídeo, escutam e processam as informações nele contidas.

2. *Fazer pausas e anotações.* Em seguida, os alunos dão pausa e anotam o que aprenderam no vídeo. Isso garante que eles tenham outra oportunidade para processar o que acabaram de assistir à medida que fazem anotações sobre o vídeo. Além disso, eles agora têm um registro de sua aprendizagem, ao qual podem se referir durante as práticas em sala de aula.

3. *Responsabilização.* Por último, os alunos respondem a uma avaliação formativa de cinco perguntas. Aqueles que alcançam o limiar mínimo de 80% e apresentam suas anotações prosseguem para a tarefa do dia

em sala de aula. Os que não alcançarem o mínimo devem comparecer a uma sessão tutorial para pequenos grupos liderada pelo prof. Nelson.

Como professor de ensino médio, eu passava os primeiros dias de aula ensinando aos alunos como interagir com os vídeos instrucionais. Minha abordagem era parecida com a do prof. Nelson. Contudo, já que meus alunos eram mais maduros do que os dele, eu dedicava uma quantidade mínima de tempo ensinando essa habilidade. Uma coisa essencial na qual eu fazia questão que eles trabalhassem, como fazia Nelson, era enfatizar a necessidade de um ambiente livre de distrações para fazer o dever de casa invertido (já que é difícil aprender enquanto simultaneamente se navega no Instagram, se envia mensagens de texto ou se assiste à TV). O tempo dedicado a ensinar os alunos a assistir ao conteúdo instrucional e a interagir com esse conteúdo será plenamente recompensado, no sentido de auxiliá-los a se tornarem aprendizes autodirigidos.

NÃO PASSE A TAREFA DO VÍDEO DE DEVER DE CASA E ALGO MAIS

Um erro que alguns professores cometem é usar a aula invertida para aumentar a carga de trabalho dos alunos. Os professores passam a tarefa do vídeo *e* o dever de casa tradicional. Em minha experiência, isso inviabiliza o modelo em questão. Desaconselho enfaticamente que os professores utilizem as aulas invertidas para aumentar a carga de trabalho dos alunos e extrapolar o uso do tempo dedicado em casa. Utilizar um vídeo invertido como dever de casa valoriza o tempo do dever de casa, pois apresenta conteúdo, em vez de esperar que os alunos o apliquem e o analisem em um vácuo. Se o vídeo estiver sendo usado para inverter uma sala de aula, ele precisa *substituir* o dever de casa que o professor costumava passar anteriormente — *e não acumular as duas coisas*. Alguns alunos, na pesquisa citada no Capítulo 1, declararam que encaravam as tarefas de vídeo invertido como tarefas extras, não como tarefas substitutas.

FAZENDO VÍDEOS INTERATIVOS

Meu objetivo não é que os alunos assistam a um vídeo. Meu objetivo é que os alunos *interajam* com o conteúdo, ficando então preparados para uma experiência mais envolvente em sala de aula. É importante criar sistemas que incentivem o relacionamento dos alunos. A seguir, estão listadas estratégias que os professores podem utilizar para esse fim:

- *Agenda de atividades avançadas.* Pode ser algo tão simples quanto uma folha para "completar as lacunas", um modelo para fazer anotações no sistema Cornell[1] ou uma página com todos os gráficos e problemas necessários com um código QR (resposta rápida) para direcionar os alunos ao vídeo *on-line*.

- *Estratégia 3-2-1.* Os alunos registram *três* coisas que aprenderam com o vídeo, *duas* perguntas sobre o conteúdo do vídeo e *uma* dúvida principal. Durante a aula, relatam as três coisas que aprenderam, interagem uns com os outros sobre as duas perguntas e compartilham com o professor a dúvida que não entenderam. Aqueles que sentem que compreenderam completamente o conteúdo registram um resumo de sua aprendizagem.

Não existe uma forma isolada de construir interatividade. E não há uma ferramenta específica que seja a melhor para todos os professores. Encontrar o que funciona melhor em uma dada sala de aula depende de muitos fatores, e cada professor deve encontrar a combinação mais adequada de técnicas, ferramentas e sistemas interativos.

CRIAR OU ESCOLHER

Quem vai compor os vídeos invertidos? Os professores podem buscar recursos *on-line* ou é melhor criar seus próprios vídeos? Embora eu não tenha feito uma pesquisa rigorosa sobre esse tópico, ouvi professores comentando que, quando criam seu próprio conteúdo de vídeo, há um aumento no envolvimento e na atenção dos alunos. Vídeos criados pelo professor são mais eficazes porque o ensino tem a ver inerentemente com interação humana. Os alunos não conhecem nem se conectam com a pessoa que criou um vídeo *on-line*. Os professores

---

[1] N. de R.T.: Aqui a referência é sobre o modelo desenvolvido pelo Learning Strategies Center da Cornell University, no Estados Unidos. Para mais detalhes, acesse (conteúdo em inglês): http://lsc.cornell.edu/notes.html.

conhecem melhor seus alunos. Um professor resumiu essa questão em uma recente conferência, ao declarar: "Eu poderia passar horas e horas procurando o vídeo perfeito no YouTube ou simplesmente poderia fazê-lo por conta própria". Isso não quer dizer que você nunca pode usar fontes externas, mas o padrão é que o professor seja o principal criador dos conteúdos.

TAREFAS ALTERNATIVAS COMO DEVER DE CASA

Embora este livro seja principalmente sobre como a aprendizagem invertida pode resolver o problema do dever de casa, um vídeo invertido não é a única forma de torná-lo significativo. Uma técnica que particularmente gosto é a TIPS: *Teachers Involve Parents in Schoolwork* (professores envolvem pais no trabalho escolar). O projeto TIPS comprovadamente tem tornado o dever de casa eficaz, pois consegue que os alunos envolvam seus pais na experiência do dever de casa.

Sendo professor na área de ciências, tenho passado experimentos para os alunos fazerem em casa, com base no trabalho de meu ex-colega Mark Paricio — professor de ciências premiado na Smokey Hill High School, em Aurora, Colorado. Mark projetou experimentos simples que os alunos podem executar em casa, usando simples itens domésticos. Ele percebeu que as pessoas aprendem melhor quando precisam ensinar o assunto às outras. Assim, a expectativa era de que os alunos conduzissem experimentos em casa e explicassem os resultados a seus pais. Isso não só os auxilia a ter experiências ricas, como também permite o benefício adicional de envolver os pais na educação de seus filhos. Recebi mais cartas de agradecimentos de pais de alunos a quem passei experimentos de laboratório para fazer em casa do que de pais de alunos para quem havia solicitado outros tipos de tarefas.

Outro exemplo de uma tarefa TIPS vem do *TIPS Manual for Teachers* (EPSTEIN et al., 1992a). A tarefa envolve uma enquete que os alunos fazem com os pais sobre os estilos de cabelo que eram populares quando eles eram crianças e se os cortes/penteados eram aprovados pela geração mais velha e por quê. A tarefa é projetada de modo a estimular a redação de um ensaio do tipo "compare e contraste".

Consulte mais exemplos e saiba mais informações sobre as tarefas TIPS em *TIPS: teachers involve parents in schoolwork: language arts, science/health, and math interactive homework in the middle grades* (EPSTEIN; JACKSON; SALINAS, 1992b).

ESTENDA A APRENDIZAGEM ATÉ SEU LAR

Os alunos precisam entender como o que eles aprendem na escola se aplica a seu cotidiano. Conectar os diferentes aspectos da vida pode ser muito poderoso para eles. Por exemplo, em uma sala de aula dos anos iniciais do ensino fundamental, um professor pode pedir que os alunos escrevam palavras em casa que começam com a letra de um determinado dia da semana. Ou, talvez, possa solicitar que tirem fotos de objetos que tenham o formato do sólido que estão aprendendo na escola. Embora essas tarefas caiam no nível de aplicação da taxonomia de Bloom, sem dúvida podem ser levadas a cabo pela vasta maioria dos alunos.

TORNANDO O TEMPO EM SALA DE AULA MAIS SIGNIFICATIVO

Embora este livro tenha como assunto principal o dever de casa, e não o trabalho em aula, tenho a sensação de que, se você quiser aumentar o valor dos deveres de casa, a coisa mais importante que poderá fazer é aumentar os níveis de envolvimento e interação em sala de aula. Certo, você criou seu vídeo, passou a tarefa e conseguiu que os alunos interagissem com ela. Excelente. Mas agora, o que você faz em sala de aula? Essa não é uma pergunta assim tão fácil de responder, pois o que um professor de inglês do ensino médio faz em sala de aula é bem diferente do que faz uma professora de arte dos anos iniciais do ensino fundamental. Meu melhor conselho sobre esse tópico é responder com uma pergunta: qual é a melhor maneira de utilizar seu tempo de aula presencial?

Vamos dar uma olhada em algumas estratégias que vejo os professores aplicando *durante* a aula após terem passado a tarefa do vídeo invertido como dever de casa.

Instrução pelos colegas *(peer instruction)*

A instrução pelos colegas é um sistema de aprendizagem concebido por Eric Mazur, professor de física da Harvard University (MAZUR, 1997). Mazur andava insatisfeito com o formato tradicional de aula expositiva e queria que seus alunos obtivessem um conhecimento profundo sobre os conceitos que ele ensina. Eles aprendem conceitos rudimentares em casa e, durante a aula, o professor os conduz por meio do ciclo de instrução pelos colegas, que compreende os seguintes passos:

1. O instrutor apresenta a questão com base nas respostas dos alunos à sua leitura antes da aula.
2. Os alunos refletem sobre a questão.
3. Os alunos escolhem uma resposta individual.
4. O instrutor analisa as respostas dos alunos.
5. Os alunos trocam ideias e debatem suas respostas com os colegas.
6. Os alunos então escolhem novamente uma resposta individual.
7. O instrutor de novo analisa as respostas e decide se mais explicação é necessária antes de passar para o próximo conceito.

Um bom exercício de instrução pelos colegas envolve apresentar problemas que requeiram processos cognitivos mais complexos em que os alunos se esforçam para solucionar juntos em aula. Esse método mescla responsabilização individual e trabalho em grupo, o que ajuda os alunos a se envolver e a aprender profundamente. Para aprender mais sobre instrução pelos colegas, recomendo a leitura da obra do Dr. Mazur, *Peer instruction: a revolução da aprendizagem ativa* (MAZUR, 2015).

Hora do gênio

Uma das coisas empolgantes que vemos os professores de salas de aula invertidas adotarem é a hora do gênio. Podemos identificar a ideia por trás dela — às vezes chamada de *projetos apaixonantes* ou *20% do tempo* — em uma prática empregada por empresas como o Google. Nessa abordagem, os funcionários são autorizados a usar uma parcela de seu horário de expediente para trabalhar em projetos pelos quais são apaixonados. Quando a ideia é aplicada em sala de aula, os professores dedicam algum tempo das aulas da aprendizagem invertida para projetos apaixonantes. Um típico professor de aprendizagem invertida que ministra cinco aulas por semana utilizaria a abordagem invertida em quatro dias por semana e então daria aos alunos um dia por semana para seus projetos.

Fiquei espantado com a criatividade e a emoção evidentes quando estive em salas de aula invertidas em que o professor está implementando a hora do gênio. Já vi alunos projetando carros, criando um ferrofluido, desenhando células de combustível, compondo músicas originais, escrevendo contos, pesquisando o cérebro humano e assim por diante. A curiosidade e o interesse dos alunos são aspectos que estão faltando na cultura direcionada a testes, na qual muitos professores transitam. Saiba mais sobre a hora do gênio e obtenha conselhos práticos sobre como implementar esse método em www.20timeineducation.com/20-time-ideas (conteúdo em inglês).

Projetos e aprendizagem baseada em projetos

Os professores reconhecem que projetos de maior escala são poderosas ferramentas para o crescimento do aluno. A natureza aberta dos projetos possibilita que os alunos se aprofundem em alguns aspectos de sua aprendizagem e permite maior criatividade e envolvimento. Mas projetos são demorados. Se um professor abrir mão de tempo valioso em sala de aula em prol deles, é provável que partes do currículo sejam deixadas de lado. E, nesta época de testes de alto impacto e responsabilização, alguns professores escolhem trabalhar menos com eles em sala de aula. A beleza da aprendizagem invertida é que ela dá aos professores mais tempo em sala de aula para isso.

Os professores sempre envolveram os alunos na realização de projetos. Porém, a aprendizagem baseada em projetos (em inglês, PBL, de *Project-Based Learning*) é diferente. A técnica foi mais bem explicada para mim por John Mergendoller, ex-diretor executivo do Instituto Buck para Educação, a organização líder no mundo sobre essa metodologia. John disse que, na maioria das escolas, os projetos são a sobremesa, mas que, na PBL verdadeira, eles são o prato principal. Muitas vezes, o que acontece nas aulas de PBL invertidas é que os vídeos invertidos não são mostrados primeiro. Em vez disso, os alunos trabalham no projeto em questão, e, em seguida, os vídeos ficam acessíveis para eles quando necessário. Assim, o vídeo está no meio, não no início, do ciclo de aprendizagem.

Educação baseada em domínio/competências

Creio que uma das melhores formas de ensinar é por meio do domínio. Esse movimento recentemente ganhou fôlego e agora está rebatizado de educação baseada em competências. Os principais fundamentos dessa abordagem são:

- Os alunos avançam pela demonstração de domínio.
- As competências incluem objetivos de aprendizagem explícitos, mensuráveis e transferíveis que empoderam os alunos.
- A avaliação é significativa e trata-se de uma experiência de aprendizagem positiva para os alunos.
- Os alunos recebem apoio rápido e diferenciado, com base em suas necessidades de aprendizagem individual.
- Os resultados de aprendizagem enfatizam as competências, que incluem a aplicação e a criação de conhecimentos, junto com o desenvolvimento de importantes habilidades e disposições.

Em minha percepção, a educação baseada em domínio tem dois enormes desafios logísticos:

1. *Encontrar o momento certo para a instrução direta.* Como a instrução direta com frequência é dada a um grande grupo de alunos ao mesmo tempo, isso dificulta o domínio. Alunos que não dominaram o conteúdo obtêm informações cedo, e aqueles que dominaram ficam entediados.
2. *Avaliação.* Em um verdadeiro sistema de domínio, é difícil gerenciar os alunos que estão fazendo avaliações em momentos diferentes.

Em 2008, Aaron Sams e eu desenvolvemos o que chamamos de modelo de domínio invertido, que aborda esses dois desafios. No caso da instrução direta, os vídeos invertidos podem ser assistidos quando cada aluno estiver pronto para o conteúdo. E a questão da avaliação é resolvida usando *softwares* de teste que estão disponíveis atualmente.

Individualmente, o domínio invertido foi a melhor coisa que já fiz na educação. É uma forma de gerenciar um verdadeiro sistema de domínio e fornecer *feedback* individual aos alunos, lhes proporcionar os desafios de que eles precisam, levar em conta as diferenças entre os alunos e fornecer *feedback* apropriado a todos eles. Consulte mais detalhes sobre o domínio invertido em *Flip Your Classroom: Reach Every Student in Every Class Every Day* (BERGMANN; SAMS, 2012).

4

Avaliando deveres de casa invertidos

Já que o dever de casa invertido é uma mudança de paradigma em relação a como torná-lo eficaz, os professores precisam repensar o modo de avaliar e atribuir notas a ele.

A aprendizagem invertida revolucionou meu modo de pensar sobre as avaliações. Ao longo de meus primeiros 19 anos como professor, ensinei pelo modo tradicional e utilizei políticas tradicionais de avaliação e atribuição de notas. Ministrava aulas expositivas, solicitava que os alunos registrassem em seus cadernos e fizessem experimentos e, no final de cada unidade, aplicava um teste do tipo "lápis e papel", em que os alunos precisavam responder a questões sobre o conteúdo. Dava os conceitos em um sistema de porcentagem: alunos com notas acima de 90% obtinham A, e aqueles com notas abaixo de 60% eram reprovados. No entanto, após me tornar um dos pioneiros da aprendizagem invertida, as coisas começaram a mudar. Primeiro, eu me dei conta de que o modelo dependia de que os alunos assistissem aos vídeos invertidos em casa. Segundo, tornou-se aparente que muitos deles estavam assistindo aos vídeos invertidos, mas não estavam sendo bem-sucedidos na aprendizagem. Em seguida, comecei a repensar a avaliação formativa. E, por último, percebi que precisava repensar minhas políticas de notas.

A interação foi o tópico orientador ao longo de minha transformação. Eu precisava que os alunos se relacionassem significativamente com o conteúdo de modo a alcançarem sucesso em sala de aula. Este capítulo foca as estratégias que permitem aos professores obter maior acesso a dados formativos e utilizá-los para saber diferenciar e atribuir notas de uma forma compatível com a natureza exclusiva do ensino em um contexto de sala de aula invertida.

RESPONSABILIZAÇÃO[1]

Antes de usar a abordagem da aprendizagem invertida, durante minhas aulas expositivas, os alunos tomavam notas, as quais eu raramente avaliava. Partia do princípio de que, se eles estavam anotando, então estavam se envolvendo e aprendendo. No entanto, como o novo modelo dependia de que os alunos fizessem o trabalho prévio, senti que havia a necessidade de determinar se eles assistiam ao vídeo. Em primeiro lugar, procurei soluções tecnológicas que garantiriam que os alunos o fizessem, mas estávamos em 2007, e as ferramentas de rastreamento tecnológico não eram muito acessíveis. Então, à medida que os alunos entravam na sala, eu simplesmente dava uma olhada em suas anotações e dava pontos. Mas isso teve a consequência não intencional de dobrar o número de notas que perfaziam a média final. O trabalho extra valia a pena, pois essa prática tornava os alunos responsáveis por assistir aos vídeos invertidos. Desde aquela época, visitei incontáveis professores mundo afora, e muitos deles não conferiam as anotações dos alunos na entrada da aula todos os dias. Eles colocavam a apropriação do trabalho prévio sob a responsabilidade dos alunos e esperavam que eles o fizessem. Minha recomendação é você determinar o que funciona melhor para seus alunos. Será que a maioria deles terá responsabilidade se você não adotar um sistema de conferência, ou eles precisam dessa responsabilização, ou prestação de contas, adicional? Pessoalmente, tenho a sensação de que, na maioria dos casos, os professores precisam conferir o dever de casa invertido dos alunos. Porém, já vi alguns exemplos em que os alunos não precisam desse nível de responsabilização.

FERRAMENTAS TECNOLÓGICAS PARA RESPONSABILIZAÇÃO E INTERATIVIDADE

Com o crescimento tanto do modelo invertido quanto dos avanços tecnológicos, os alunos agora podem interagir com os vídeos e dar *feedback* por meio de um leque de ferramentas *on-line* — algumas que coletam informações após os alunos assistirem ao vídeo e outras que as coletam enquanto o vídeo está sendo visualizado. Ferramentas como Formulários Google, pacotes de avalia-

---

[1] N. de R.T.: No original, a palavra usada é *accountability*, cujo signifcado remete à responsabilidade no sentido de tomar conta de algo, ser responsável.

ção *on-line* e a maioria dos sistemas de gestão de aprendizagem têm recursos de questionários que permitem ao professor obter *feedback* imediato sobre a aprendizagem. Em geral, essas ferramentas se apresentam na forma de um questionário ou *quizz* curto ao qual os alunos respondem após assistirem ao vídeo. Embora elas não controlem o tempo que se passa assistindo ao vídeo, muitos professores as consideram muito úteis para receber *feedback* formativo sobre a compreensão e o envolvimento dos alunos.

Rebekah Cerqua, professora de química em Indiana, usa o Formulários Google para determinar o grau de compreensão das informações apresentadas no vídeo invertido (ver Fig. 4.1). Em seguida, os dados do questionário de Rebekah fluem para uma planilha de autoavaliação a partir da qual ela obtém *feedback* instantâneo sobre a compreensão dos alunos (ver Fig. 4.2).

Muitos novos serviços educacionais *on-line* — por exemplo, EDpuzzle, Microsoft Office Mix e PlayPosit — contêm ferramentas que permitem aos professores incorporar perguntas no vídeo invertido. Quando isso é feito, o vídeo pausa e pede que os alunos respondam a uma pergunta ou solicitação.

Qual é a melhor opção para o significado de "p" em pH?
○ positivo
○ potencial
○ solução referência

Íons H⁺ também são conhecidos como
○ elétrons
○ nêutrons
○ prótons

Defina pH em suas PRÓPRIAS palavras.

Texto de resposta curta

A água pode funcionar tanto como ácido e base.
○ Verdadeiro
○ Falso

Figura 4.1 Questionário para determinar o grau de compreensão.

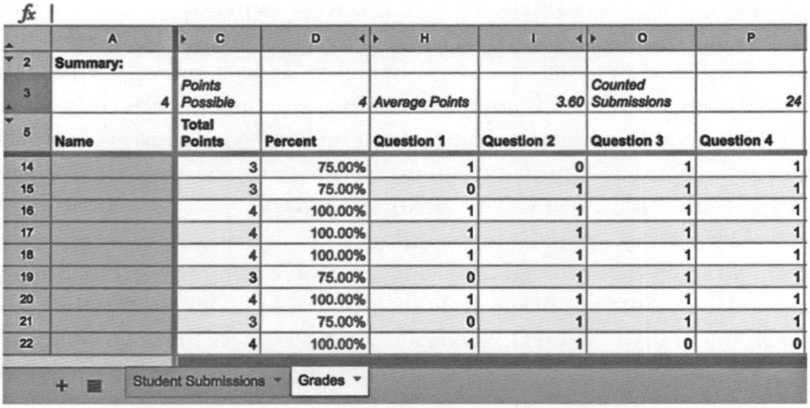

	A	C	D	H	I	O	P
2	Summary:						
3		4	Points Possible	4 Average Points	3.60	Counted Submissions	24
5	Name		Total Points	Percent	Question 1	Question 2	Question 3	Question 4
14			3	75.00%	1	0	1	1
15			3	75.00%	0	1	1	1
16			4	100.00%	1	1	1	1
17			4	100.00%	1	1	1	1
18			4	100.00%	1	1	1	1
19			3	75.00%	0	1	1	1
20			4	100.00%	1	1	1	1
21			3	75.00%	0	1	1	1
22			4	100.00%	1	1	0	0

Figura 4.2 Planilha de autoavaliação.

Esses pacotes têm ferramentas analíticas que permitem aos professores determinar quais alunos assistiram ao vídeo, por quanto tempo cada um deles assistiu ao vídeo e quais perguntas foram respondidas corretamente, além de criar fóruns de discussão sobre o conteúdo assistido.

A Figura 4.3, uma captura de tela do EDpuzzle, contém os nomes dos alunos que concluíram o vídeo invertido e as notas que receberam nas perguntas incorporadas.

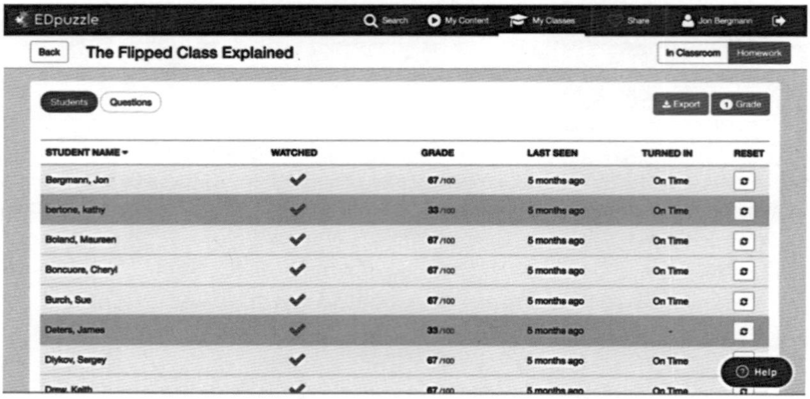

Figura 4.3 Nomes e notas dos alunos que concluíram o vídeo invertido.

AGENDAS DE ATIVIDADES AVANÇADAS

Muitos professores criam agendas de atividades avançadas que os alunos precisam concluir à medida que interagem com os vídeos invertidos (já que alguns deles precisam dessa estrutura adicional para ajudá-los a compreender o conteúdo). Como diagramas e gráficos relevantes podem ser inseridos na agenda de atividades, quando os alunos as utilizam ao assistirem aos vídeos invertidos, a quantidade de tempo que leva para a interação é abreviada. Da mesma forma, as agendas de atividades permitem que os professores avaliem mais rapidamente a qualidade das anotações (já que o formato é uniforme). Por outro lado, obrigam os alunos a interagir com o vídeo invertido de determinada forma — o que beneficia aqueles que precisam de estrutura e inibe os que não precisam disso.

Em última análise, os professores precisam avaliar seus alunos, o conteúdo das aulas e seu próprio estilo de ensino para determinar se as agendas de atividades avançadas serão ferramentas benéficas em seu caso. Descobri que a maioria de meus alunos respondeu bem às agendas de atividades avançadas. Por outro lado, permiti que os alunos que as consideravam restritivas interagissem com os vídeos de outras maneiras (alguns apenas assistiam aos vídeos; outros faziam anotações a seu modo; e, ainda, outros queriam entabular uma breve conversa, individual ou em pequenos grupos, comigo sobre o conteúdo).

Os alunos de Rebekah Cerqua utilizam agendas de atividades avançadas, com um código QR que conecta a agenda aos correspondentes vídeos invertidos (ver Fig. 4.4).

FICHAS DE RESUMO

Nicholas Bennett, professor de matemática na Virgínia, exige que façam anotações e também que se preencha uma ficha de resumo (ver Fig. 4.5) após a visualização de cada vídeo invertido. Esse tipo de agenda de atividades auxilia os alunos a processar o que aprenderam e os professores a rastrear o nível de compreensão.

ANOTAÇÕES EM PAPEL OU DIGITAIS?

É melhor que o aluno tome notas em papel ou de maneira digital sobre um vídeo invertido? Um recente estudo investigou o desempenho dos alunos que fazem anotações no papel *versus* aqueles que fazem anotações digitais

(MUELLER; OPPENHEIMER, 2014). No estudo, todos os alunos assistiram a um vídeo de TED, e metade deles tomou notas em papel, enquanto a outra metade o fez em um computador portátil. Aqueles que tomaram notas em um computador portátil tenderam a registrar literalmente o conteúdo da palestra (os pesquisadores teorizaram que isso aconteceu porque os alunos digitam mais rápido do que escrevem com lápis ou caneta). Aqueles que tomaram notas em papel escreveram menos e precisaram conceituar o conteúdo. Em seguida, os alunos realizaram um breve teste sobre o que tinham aprendido. Os resultados do exame revelaram uma diferença notável entre aqueles que fizeram anotações no computador portátil em comparação com aqueles que fizeram anotações em papel: embora tenha havido pouca diferença nas pontuações quando os alunos receberam perguntas relativas aos fatos, aqueles que anotaram em papel tiveram pontuações significativamente superiores quando as perguntas tinham aplicação conceitual.

16.1 Anotações da aula sobre Soluções
Instruções
1. Assista à aula.
2. À medida que for assistindo à aula, preencha esta planilha.
3. Depois, preencha o Formulário Google, "Resposta à Aula 16.1".

16.1 Propriedades das soluções
Fatores que afetam como uma substância se dissolve
1. _____
2. _____
3. _____

Defina solubilidade.

Explique a diferença entre soluto e solvente.

Figura 4.4 Agenda de atividade avançada com QR CODE.

Figura 4.5 Ficha de resumo.

Beth Holland (2014), que discordou dos resultados do estudo, acredita que os alunos precisam ser ensinados a fazer anotações digitais adequadas. Ela defende que elas têm as seguintes vantagens sobre as anotações em papel:

- permitem buscas mais fáceis.
- são mais fáceis de compartilhar.
- auxiliam os alunos com disfunção executiva.[2] Quantos alunos acabam perdendo as folhas nas quais fizeram anotações? Além disso, o estudo mediu alunos universitários, não do 7º ano.

Então, qual é a conclusão? Os alunos devem interagir com os vídeos invertidos no papel ou digitalmente? Minha recomendação é de que todos os professores utilizem ferramentas digitais que controlem a visualização dos alunos que intercalem perguntas dentro do vídeo. Assim, os professores recebem informações em tempo real sobre a compreensão dos alunos, proporcionando melhor diferenciação das atividades em sala de aula. Mas isso ainda é insuficiente. Os

---

[2] N. de R.T.: Há uma profunda discussão sobre a real predominância dessas patologias no mundo contemporâneo, como, por exemplo, o transtorno de déficit de atenção/hiperatividade (TDAH), e a medicalização de crianças. Nem todos os casos são idênticos, e o correto diagnóstico requer a orientação de um especialista.

alunos continuam precisando de um lugar onde consigam processar as informações de uma maneira significativa. Para muitas pessoas, as anotações em papel são a única opção, já que muitos não têm acesso a um dispositivo em que possam fazer anotações digitais adequadas. No entanto, para aquelas escolas com infraestrutura tecnológica mais robusta, as anotações digitais podem ser vantajosas se os alunos forem ensinados a como tomar notas digitais robustas.

VERIFICAÇÃO DA COMPREENSÃO COM QUESTÕES NO VÍDEO INVERTIDO

É recomendado que se incorporem perguntas no vídeo utilizando-se uma das ferramentas tecnológicas mencionadas anteriormente. Mas com que frequência e quais tipos de perguntas devem ser feitas? Vamos relembrar que o segredo para a eficácia de um vídeo invertido é o fato de ter natureza introdutória. Sob o prisma da taxonomia de Bloom, o vídeo ensina em um nível de compreensão ou conhecimento. Assim, a maioria das perguntas incorporadas deverá se concentrar em conferir a compreensão. As respostas dos alunos podem informar sobre instrução e diferenciação.

Creio que é bom que o vídeo invertido também inclua, perto do final, uma pergunta aberta (p. ex., "O que você pensa sobre (...)?", "O que você teve dificuldades para entender?", "De que modo o conteúdo do vídeo se conecta com o assunto x?") ou outra que permita aos alunos aprofundarem seu pensamento. Christopher Brady e James Plaza, dois professores de estudos sociais em Illinois, terminam seus vídeos com uma pergunta. Após assistirem ao vídeo sobre as causas da Primeira Guerra Mundial, eles solicitam aos alunos uma reflexão: "Por que os Estados Unidos entraram na Primeira Guerra Mundial?". Eles perguntam isso no vídeo para preparar o tempo em sala de aula, cujo foco será aprofundar a questão, e ficou comprovado que incitar os alunos a vir para a sala de aula com algumas ideias iniciais serviu de elemento catalisador para debates mais ricos.

DADOS FORMATIVOS INFORMAM A INSTRUÇÃO E A DIFERENCIAÇÃO

Um dos benefícios da coleta de dados digitais a partir dos vídeos invertidos é como eles informam os professores sobre a compreensão dos alunos. Eles são uma ferramenta poderosa para a instrução. Quando eu ensinava pelo modo tradicional, muitas vezes indagava para a turma inteira sobre sua compreensão, e, com frequência, o retorno era inconsistente. Alguns alunos entendiam claramente o assunto, outros vacilavam e outros, ainda, comunicavam para mim que tinham entendido, quando, na verdade, tinham concepções profundamente equivocadas. Mas agora, com a disponibilidade de ferramentas personalizadas, os professores podem saber e facilmente acessar dados relevantes sobre cada aluno. E a beleza disso é que ficam sabendo dessas informações antes de os alunos pisarem na sala de aula. Tão logo o professor obtenha esse conhecimento, ele pode auxiliar na compreensão dos alunos das seguintes maneiras:

- *Os professores podem ajudar os alunos com dificuldades.* Quando um professor descobre as lacunas na compreensão, ele pode ter como alvo aqueles alunos que precisam de apoio extra.
- *Os professores podem focar em equívocos fundamentais.* Muitas vezes, perguntas respondidas incorretamente indicam onde se concentram as lacunas do aluno.
- *Os professores podem saber quais alunos podem seguir em frente.* Já lhe ocorreu de ensinar algo que a grande maioria de seus alunos já entende? Se você descobriu com base em seus dados de vídeos invertidos que todos os seus alunos entenderam, não desperdice tempo ensinando de novo.

Os dados, além de informar a instrução, comunicam sobre a diferenciação. Russ Trible, que leciona matemática no 6º ano, no estado do Texas, exige que seus alunos assistam a um vídeo curto, façam anotações em uma agenda de atividade avançada e, em seguida, respondam a algumas perguntas em um Formulário Google. Antes da aula, ele avalia as respostas dos alunos e depois divide a turma em dois grupos. Alunos que pontuam 80% ou mais são instruídos a começar a atividade em sala de aula imediatamente, e aqueles com menor pontuação recebem um minitutorial. Durante o tutorial, os alunos podem praticar, obter esclarecimentos e receber instrução direta (a qual geralmente é necessária para todos os alunos antes de começar a atividade em sala de aula). Quando observei uma de suas aulas, de 30 alunos, uns sete precisaram de auxílio extra, e isso lhe permitiu satisfazer as necessidades tanto dos alunos com dificuldades quanto daqueles que já estavam prontos para começar.

AVALIE A COMPREENSÃO DOS ALUNOS CONVIDANDO-OS A CONDUZIR A AULA

Recentemente visitei a aula de Kirk Humphries, professor de matemática do 7º ano, em Deerfield, Illinois, e fiquei impressionado com o modo como ele começava sua aula invertida. A maioria dos professores com a sala de aula invertida começa a aula respondendo a perguntas sobre o vídeo invertido ou entregando aos alunos um questionário curto. Kirk não fez nem uma coisa nem outra. Em vez disso, Kirk pediu aos alunos que resumissem o vídeo. Ele se sentou no fundo da sala e deixou os alunos assumirem a condução da conversa. O primeiro aluno levantou-se, pegou um marcador e explicou no quadro branco o que havia aprendido. Pouco depois, outro ergueu a mão. O primeiro aluno passou o marcador para o segundo, que começou a compartilhar suas ideias. Em seguida, outro fez uma pergunta. A turma inteira se virou ao prof. Humphries, ansiosa pela resposta. Em vez de responder, Kirk jogou a pergunta de volta à turma e perguntou se alguém tinha ideia sobre como responder à pergunta do colega. Foi quando outro aluno se levantou em um pulo, tomou a palavra e auxiliou o companheiro a resolver a pergunta. Por 10 minutos, fiquei ali sentado, com cara de espanto, impressionado com a qualidade do debate sobre matemática realizado por um grupo de alunos de 13 anos. Foi mágico. Os alunos estavam se apropriando de sua aprendizagem e processando o conteúdo juntos. Kirk só intervinha quando era necessário.

INCENTIVANDO A CURIOSIDADE POR MEIO DE PERGUNTAS GERADAS PELOS ALUNOS

Como professor de ciências, procurei incentivar meus alunos a se maravilharem com o mundo natural. O universo, desde a menor partícula até a maior galáxia, é misterioso e lindo. Os alunos são naturalmente curiosos, e as escolas devem aproveitar esse impulso fundamental. Uma maneira pela qual eu avaliava a compreensão dos alunos sobre os vídeos invertidos era pedir que incluíssem uma pergunta em suas anotações sobre eles. Tinha de ser uma pergunta para a qual eles não soubessem a resposta, e eu os incentivava a formular perguntas que despertassem a imaginação e a exploração.

Durante o tempo de aula, cada aluno passava uns minutos comigo, em pequenos grupos ou individualmente. Durante nossas breves conversas, eles em primeiro lugar me mostravam suas anotações concluídas (responsabilização) e depois me faziam suas perguntas. Essa pode ter sido a atividade individual mais gratificante que fiz com eles, pelas seguintes razões:

- *Cada aluno faz uma pergunta.* Quando dava aula na forma tradicional, somente um seleto grupo de alunos se arriscava a fazer perguntas, mas, quando cada um deles tinha uma conversa particular comigo, a natureza e a substância dos questionamentos subiram a um novo nível.
- *Perguntas expõem lacunas e equívocos.* As perguntas dos alunos muitas vezes revelavam lacunas na compreensão e concepções equivocadas. Antes de eu incentivar as perguntas geradas por eles, essas falhas e enganos costumavam ser difíceis de determinar (em muitos casos, os alunos pensam que sabem alguma coisa, quando na verdade não sabem). As interações diárias e particulares com os alunos me permitiram rapidamente resolver esse problema.

Às vezes, era um desafio ensinar os alunos a elaborar perguntas de qualidade a partir dos vídeos invertidos. Lembro-me de uma garota que só fazia perguntas sobre tópicos que foram claramente abordados no vídeo. Ela mostrava dificuldades para aprofundar o nível de suas perguntas e entrar no reino da imaginação e da curiosidade. Porém, à medida que foi me questionando quase todos os dias, ela foi evoluindo e, no final do ano, mostrou um progresso significativo.

ATRIBUINDO NOTAS E CONCEITOS

Se você quiser começar um acalorado debate entre professores, comece a falar sobre políticas tradicionais de avaliação e atribuição de notas. Dar notas é uma das questões mais controversas na educação. Alguns acreditam em um rigoroso sistema de pontuação, e outros, em conceitos padronizados. Alguns não aceitam trabalhos entregues após a data marcada, enquanto outros dão margem de manobra aos alunos. Como o dever de casa invertido modifica sistemas e políticas de avaliação do aproveitamento escolar?

Sob vários prismas, as políticas de notas não precisam mudar quando é passado o dever de casa invertido. Ele pode ser pontuado e avaliado como qualquer outra tarefa. Quando inverti minha sala de aula pela primeira vez, em 2007, atribuí 10 pontos para cada vídeo e religiosamente os registrava no diário de classe. Eu era um defensor de manter o controle sobre tudo que o aluno produzia, penalizava quem entregava atrasado as tarefas e estimulava as crianças que ficavam para trás. Mas logo algo começou a mudar em mim. Comecei a encarar a aprendizagem mais holisticamente. Percebi que os alunos precisavam de algo mais personalizado e dirigido. Então li artigos sobre os problemas com os sistemas de atribuição de notas por porcentagem. Um artigo de Douglas Reeves publicado na revista científica *Phi Delta Kappan*, em 2004, me convenceu de que dar um zero aos alunos em uma tarefa os magoa. E, então, à medida que fui me tornando um dos pioneiros do modelo de sala de aula invertida, gravitei rumo a um sistema de atribuição de notas com base em padrões. Em minhas interações com vários professores dessa abordagem mundo afora, tenho visto transformações semelhantes. A maioria deles começa com paradigmas e sistemas tradicionais de atribuição de notas, mas, à medida que foram dominando o método e o abraçaram mais como uma filosofia do que uma técnica, suas práticas de atribuição de notas evoluíram. Encaram a aprendizagem, não notas e conceitos, como o objetivo da educação. Por isso, não há problema em usar os sistemas tradicionais de notas na aprendizagem invertida, mas quero incentivar aqueles que, como eu, estavam engessados nos velhos paradigmas. Não se esqueça de que, à medida que avança no caminho da aprendizagem invertida, você também vai começar a repensar as políticas de avaliação tradicionais.

OPINIÃO DOS ALUNOS SOBRE SUAS AULAS INVERTIDAS

É útil fazer uma enquete periodicamente com seus alunos sobre as suas percepções, frustrações e ideias envolvendo o modelo de aulas invertidas que você configurou. De modo não surpreendente, com frequência ele fornecem o melhor *feedback*, e as opiniões deles vão lhe ajudar a se tornar um profissional melhor. Muitas vezes, pedia a meus alunos que me contassem o que gostavam e não gostavam nessa abordagem. Por exemplo, quando inseri pela primeira vez a *webcam* na minha videoaula, eles me disseram que tinham gostado porque eu não era mais uma voz desencarnada — era o professor deles. Também me deram ótimas sugestões sobre como avaliá-los de uma maneira mais satisfatória, como organizar melhor o conteúdo e como aprimorar a utilização de alguns aspectos de meu sistema de gestão de aprendizagem. Eu coletava suas respostas simplesmente solicitando *feedback* enquanto trabalhava com eles e também por meio de uma pesquisa que pedia para eles responderem no final de cada semestre. Um exemplo da pesquisa que consta nos Apêndices pode ser usado como guia para ajudá-lo a criar sua própria pesquisa.

5

Estratégias para escolas, gestores e pais

O dever de casa não é uma dificuldade apenas para professores e alunos; causa impacto nos pais, nos gestores e no clima da escola inteira. É bom ver iniciativas de professores individuais invertendo suas aulas e tornando-as mais significativas e eficazes, mas como podemos alavancar a aprendizagem invertida? Como uma escola vai envolver os pais e como as lideranças podem criar modelos para essa abordagem? Quais sistemas precisam estar em vigor para que ela tenha um impacto máximo?

ELABORANDO UM NOVO TIPO DE POLÍTICA PARA O DEVER DE CASA

Costumava participar do comitê sobre dever de casa nas escolas em que trabalhei. Em uma delas, eu me recordo de uma tumultuada reunião cujo objetivo era determinar o número de minutos de dever de casa para cada criança em cada ano escolar e em cada disciplina. A reunião foi contenciosa, pois cada professor tentava justificar por que precisava passar mais dever de casa do que os outros. Ao cabo do encontro, cada matéria e ano escolar tinha um número de minutos de dever de casa que poderia ser passado. Isso foi perturbador de várias formas. Os professores com vozes mais altas puderam passar mais tarefas, e aqueles que eram tímidos, menos. As necessidades dos professores foram colocadas em primeiro plano, e a boa pedagogia não foi uma parte da conversa.

Espero que nem todas as reuniões dos comitês de dever de casa sejam tão disfuncionais como aquelas de que participei. A completa insanidade de passar o dever de casa com base no tempo é que nenhum professor pode afirmar quanto tempo cada aluno vai demorar para fazê-lo. Se um professor de matemática passa 10 problemas, um aluno vai concluí-los em 10 minutos, outro em 20 e alguns possivelmente em 1 hora. As políticas de dever de casa com base no tempo são um exercício de futilidade se os professores estiverem ensinando pelos métodos tradicionais. As políticas cronometradas punem os alunos que são aprendizes mais lentos, que muitas vezes não têm apoio parental em casa e, cada vez mais, vão ficando para trás.

O benefício de um vídeo de sala de aula invertida é que o tempo é conhecido. Esses vídeos curtos, criados pelo professor ou sob sua curadoria, têm uma quantidade de tempo conhecida. Criar uma política de dever de casa com base no tempo é viável quando a tarefa é assistir a um vídeo invertido. Se ele tiver oito minutos de duração, planeje 12 a 14 minutos de dever de casa. Exatamente! O dever de casa no formato de vídeo invertido é uma forma simples de saber, com um bom grau de precisão, quanto tempo os alunos vão gastar com ele. E agora, aquelas reuniões do comitê, em vez de envolver brigas pelo tempo do aluno em casa, podem debater a pedagogia de um bom dever de casa — ou simplesmente serem canceladas.

PREPARANDO SUA ESCOLA PARA O DEVER DE CASA INVERTIDO: TECNOLOGIA

Sinto que é necessária uma abordagem sistêmica para a aprendizagem invertida. Embora ela possa ser executada por um professor em uma sala de aula com pouco apoio da direção da escola, isso não é o ideal. Chegou a hora de as escolas e, em especial, os líderes escolares, remodelarem sua infraestrutura tecnológica de forma a maximizar a adoção bem-sucedida dessa metodologia.

Troquei ideias com muitas escolas, e uma coisa que percebi é que as escolas que adotam uma abordagem intencional para implementar o modelo de sala de aula invertida funcionam de modo relativamente tranquilo. Como a aprendizagem invertida tem sido primordialmente um movimento que partiu das bases, os primeiros professores a adotarem esse modelo em geral utilizam um leque de ferramentas tecnológicas tanto para criar quanto para organizar o conteúdo dos vídeos.

Existe uma vasta gama de ferramentas e *software* disponíveis para a criação de vídeos, e muitas alegam ser a melhor delas para inverter uma sala de aula. O fato é que *na realidade não existe uma que seja a melhor*. Em minha experiência, os melhores resultados de sala de aula invertida acontecem quando escolas ou distritos[1] concentram seus esforços de desenvolvimento profissional em apenas algumas ferramentas. Ao escolher a ferramenta certa, a escola deve priorizar uma que seja fácil de usar e que estabeleça uma interface com a infraestrutura tecnológica existente.

Para organizar vídeos, a maioria dos professores utiliza um dos muitos sistemas de gestão de aprendizagem — por exemplo, Canvas, Schoology, Edmodo, Google Classroom, Haiku Learning, Blackboard, 1Know e eChalk. Porém, à medida que mais deles adotam o modelo da sala de aula invertida, cada qual utilizando um diferente sistema de gestão de aprendizagem, isso cria confusão para os alunos (que, por exemplo, podem ter aulas invertidas de três matérias com três sistemas de gestão de aprendizagem distintos). Embora cada uma dessas ferramentas seja útil, ter tantas opções também pode criar confusão para o corpo docente. O desenvolvimento profissional também sofre, porque os instrutores de tecnologia têm de ser capazes de trabalhar em toda e qualquer plataforma. Assim, é muito mais fácil ter um sistema de gestão de aprendizagem para sua escola inteira — o que irá simplificar as coisas para os alunos e para a equipe de funcionários e o desenvolvimento profissional e garantir uma maior adoção da abordagem em questão. (Há pouco criei um curso intitulado "Como evitar os 17 pecados mortais na escolha de tecnologia para a aprendizagem invertida", que pode ser acessado gratuitamente, em inglês, em http://learn.flglobal.org.)

APOIO PARA A ESCOLA AJUDAR AS COMUNIDADES CARENTES

A mudança fundamental que a sala de aula invertida fornece é que ela auxilia os alunos, que muitas vezes vão para casa e não dispõem de uma estrutura de apoio para lidar com as dificuldades do dever de casa — alunos de comunidades carentes. Quando eles recebem dever de casa tradicional ou atividades que requeiram processos cognitivos mais complexos, sem a devida estrutura de apoio em casa, tentam solucionar um problema, ficam empacados e simplesmente desistem. Um breve vídeo invertido ensinado no nível de conhecimento ou de compreensão pode ser muito útil, portanto, em ajudá-los.

---

[1] N. de R.T.: No modelo educacional estadunidense, os distritos seriam equivalentes às diretorias de ensino das cidades brasileiras ou das secretarias de educação, sendo a esfera muncipal para o ensino fundamental e a esfera estadual para o ensino médio, com interações e sobreposições a depender da unidade da federação.

A grande questão sobre os alunos que vêm de comunidades carentes é: e quanto ao acesso à internet? O modelo de sala de aula invertida não pressupõe que os alunos tenham acesso à internet em casa? Mas e aqueles que não têm acesso? Boas lideranças, no âmbito da escola ou da diretoria de ensino/secretaria de educação, podem auxiliar a aliviar essa questão. A boa notícia é de que, até 2019, 99% de todas as escolas nos Estados Unidos vão ter internet de alta velocidade — graças à Iniciativa ConnectED, promovida pelo presidente Barack Obama em 2014. Como parte dessa ação, internet de alta velocidade gratuita ou de custo significativamente reduzido será fornecida a alunos de famílias de baixa renda.[2]

Para aqueles alunos que não tenham acesso à internet, várias soluções podem ser empregadas:

- *Encaminhe os alunos rumo ao acesso disponível.* Você pode se surpreender como muitos alunos, mesmo aqueles em áreas economicamente desfavorecidas, têm pronto acesso à internet. Muitos têm dispositivos portáteis (p. ex., *smartphones*), com Wi-Fi (p. ex., *iPod* ou *tablet*) ou algum outro dispositivo. Eles muitas vezes precisam apenas de um lugar onde possam se conectar à rede Wi-Fi. É raro encontrar um estabelecimento nos Estados Unidos que não forneça Wi-Fi gratuito.[3]

- *Forneça Wi-Fi e instrução.* À medida que as escolas se tornam cada vez mais conectadas, os alunos sem Wi-Fi em casa podem acessar o conteúdo do vídeo invertido em sua própria instituição de ensino e baixá-lo para seus aparelhos pessoais ou dispositivos fornecidos pela escola. Tenho trabalhado com algumas escolas cujos alunos têm problemas de acesso à internet. Aqueles com acesso limitado à internet são instruídos sobre como baixar o conteúdo do vídeo invertido para um dispositivo portátil.

- *Abra sua escola.* A maioria das escolas dispõe de computadores em laboratórios de informática, bibliotecas e outras áreas comuns. Se uma instituição quiser abraçar o modelo de sala de aula invertida, essas áreas devem estar abertas antes do horário escolar, durante o almoço e após o horário. Os alunos vão se aglomerar nessas áreas, a fim de obter uma conexão com a internet. Algumas delas ainda fornecem Wi-Fi nos ônibus escolares.

---

[2] N. de R.T.: No Brasil, o Ministério da Ciência, Tecnologia, Inovações e Comunicações (MCTIC) anunciou uma parceria com o Ministério da Educação (MEC) para ampliação do programa "Internet para Todos", dentro da Política de Inovação Educação Conectada. Para mais informações, acesse: https://goo.gl/wKoUU5.

[3] N. de R.T.: Embora essa prática venha sendo implementada nos grandes centros urbanos do Brasil, ainda não está tão disseminada quanto nos Estados Unidos.

- *Explore a comunidade.* Muitas empresas e a maioria das bibliotecas públicas oferecem acesso *Wi-Fi* gratuito. Tire um tempo para visitar e compilar vários estabelecimentos na comunidade. Em seguida, distribua aos alunos uma lista daqueles que o oferecem. Você poderia inclusive se informar com os alunos sobre nomes e endereços dos locais que eles frequentam e combinar para que sirvam de pontos de contato com parceiros da comunidade.
- *Analise a possibilidade de utilizar DVDs.* Alunos sem acesso a um dispositivo habilitado para internet talvez tenham uma TV com DVD *player* disponível. Vídeos podem ser facilmente copiados para DVDs e distribuídos — como Aaron Sams e eu fizemos quando fomos pioneiros da sala de aula invertida em nossa escola em 2007 (pois descobrimos que cada aluno tinha ao menos um DVD *player* em casa).

Reconheço que a questão do acesso é importante. Se você tiver um aluno com acesso limitado, é necessário resolver o problema. Tenho trabalhado em escolas onde mais de 80% dos alunos recebem subsídios para as refeições (grátis ou com valor reduzido) que criaram mecanismos para fazer isso funcionar. Elas tiveram de ser criativas, mas fizeram o método funcionar, pois perceberam que isso é benéfico para seus alunos.

APOIANDO OS PROFESSORES INOVADORES

Correr o risco de dar um passo à frente e implementar a aprendizagem invertida é novo e diferente. Os primeiros professores que abraçam essa metodologia na escola são corajosos. Rompem com a tradição e tentam algo inovador. Por isso, merecem apoio e respeito. Criar um lugar onde o risco e a inovação sejam apoiados é algo que as lideranças precisam fomentar. Isso acontece quando os gestores acreditam nos professores e os capacitam, o que requer que os gestores apoiem os professores inovadores e, em seguida, descubram como replicar os esforços desses profissionais. Cada gestor conhece quais deles são líderes positivos em sua escola. Eles têm de se esforçar para proporcionar tudo que esses professores precisam, torná-los aliados e depois deixá-los transformar a escola, um de cada vez.

MODELANDO A APRENDIZAGEM INVERTIDA: CONSELHOS DE CLASSE INVERTIDOS

Não só os professores têm um período de interação presencial com seus alunos, os gestores também têm esse tempo de interação com os professores — isso é chamado de reunião de professores ou "conselho de classe". Com muita frequência, os conselhos de classe são usados para divulgar informações, em vez de provocar debates enriquecedores sobre as melhores práticas ou se tornar um momento colaborativo de inquirição e aprendizagem. Um gestor que realmente deseja que os professores comecem a incorporar o modelo de sala de aula invertida deve servir como um modelo de boas práticas pedagógicas — e os professores que lideram os departamentos, a comunidade de aprendizagem profissional (PLC)[4] e reuniões do IEP[5] devem fazer o mesmo.

O objetivo de um conselho de classe invertido é ter experiências mais profundas e mais significativas durante as reuniões presenciais. Tenho observado duas abordagens diferentes para esse tipo de reunião:

1. Em uma abordagem, os professores assistem a um pequeno vídeo informativo (ou simplesmente leem um *e-mail* ou um artigo) que contém informações sobre questões como o jogo de basquete vindouro, as mudanças na política ou o cronograma de testes. Feito isso, o tempo do conselho de classe é dedicado à partilha das melhores práticas e a conversas em pequenos grupos sobre assuntos como novas normas ou a proposta de um novo cronograma.

2. Os gestores também exercem funções de ensino. Querem que os professores aprendam coisas novas, o que, por sua vez, auxiliará os alunos em sua escola a se tornarem bem-sucedidos. Nessa abordagem, os gestores criam um vídeo (que fornece antecedentes e contexto para a equipe) ou leem um artigo sobre, por exemplo, as implicações dos currículos de núcleo comum para sua equipe. Durante a reunião, os professores usam o contexto fornecido no vídeo como a base de uma atividade ou discussão.

---

[4] N. de T.: *Professional Learning Communities*, processo contínuo em que educadores trabalham colaborativamente em ciclos recorrentes de inquirição coletiva para obter melhores resultados aos alunos que atendem.

[5] N. de T.: *Individualized Education Program*, atendimento educacional especial e personalizado, conforme as necessidades de cada aluno; o IEP é um programa criado pela *Individuals with Disabilities Education Act* (Lei para a Educação de Indivíduos com Deficiência; IDEA).

Cerca de dois anos atrás, em um congresso, desafiei gestores a inverter seus conselhos de classe, e Paul Hermes, diretor adjunto da BayView Middle School, escola dos anos finais do ensino fundamental em Wisconsin, aceitou o desafio. Ele os inverteu com grande sucesso. Ele relata que conseguiu obter 24 horas extras em tempo de aprendizagem profissional com seu corpo docente, ao longo de um ano. Paul relata que essa mudança transformou completamente o clima escolar. Saiba mais sobre essa experiência de Paul lendo o *post* dele, em inglês, como autor convidado, em meu *site*: http://bit.ly/flipstaff.

COMUNICANDO-SE COM OS PAIS

Em sua maioria, os pais não têm consciência sobre o modelo da sala de aula invertida e vão precisar de algumas informações. Pode ser que ouçam seus filhos dizendo coisas como: "Meu professor parou de nos ensinar" ou "Tudo o que a gente faz é ficar assistindo a uns vídeos". É imprescindível que os gestores, junto com alguns professores líderes, comuniquem aos pais como o modelo de sala de aula invertida beneficiará os alunos, fornecendo tempo extra para os professores interagirem com eles individualmente. Já vi isso acontecer de várias maneiras:

- Professores enviam cartas para a casa (confira um modelo dessa carta nos Apêndices).
- As escolas comunicam-se com os pais por *e-mail*, cartas e assim por diante.
- As escolas realizam reuniões informativas.
- Os professores/as escolas promovem uma "noite de recepção de volta às aulas invertidas". Os pais assistem a um vídeo breve sobre o assunto durante a recepção de volta às aulas, invertendo, assim, a recepção.

Em última análise, essa é uma questão de comunicação. Como é de praxe com qualquer nova iniciativa em uma escola, a comunicação é de suma importância.

AUXILIANDO OS PAIS A AJUDAREM OS FILHOS

Quando comecei a inverter minhas salas de aula em 2007, alguns pais me procuraram para me dizer o quanto tinham amado meus vídeos invertidos. Minha primeira reação foi ficar chocado pelo fato de que os pais de meus alunos estivessem assistindo a esses vídeos. Mas, à medida que o tempo foi passando, e eu comecei a treinar outros professores nesse método, percebi que isso não era algo raro. Dezenas de pais estavam assistindo ao conteúdo dos vídeos junto com seus filhos. Isso me levou a perceber que realmente existem algumas formas excelentes para os pais auxiliarem seus filhos com o dever de casa em uma sala de aula invertida.

Incentivo os pais a, de vez em quando, assistirem aos vídeos com seus filhos. Isso irá contribuir não só com a conclusão do dever de casa, mas também irá modelar um interesse sobre o que estão aprendendo na escola. Ao interagirem assim, os pais vão aprender o conteúdo que estiver sendo ensinado na escola e serão capazes de colaborar com seus filhos. Embora os alunos possam saber como assistir a um vídeo, muitas vezes eles não sabem como agir com um que seja educacional, que tenha o objetivo de alcançar a compreensão. A seguir, estão algumas formas de apoio dos pais para que seus filhos obtenham o máximo do dever de casa invertido:

- *Organize anotações ou reflexões.* Muitos alunos não sabem como organizar seus pensamentos no papel. Quando um pai aprimora com seu filho estratégias para fazer anotações, o aluno adquire uma habilidade valiosa, que lhe será útil ao longo da vida.
- *Certifique-se de que a visualização seja feita sem distrações.* Como a maioria dos vídeos é postada *on-line*, é fácil para os alunos se distraírem com um leque de outras atividades da tela. Quando os pais se certificam de que os filhos estão assistindo ao vídeo para fazer o dever de casa, estes serão mais bem-sucedidos.
- *Estruture boas perguntas.* Muitas vezes, os alunos não sabem o que perguntar ao interagirem com novos conteúdos. Os pais podem ajudá-los estimulando a desenvolver perguntas mais profundas, que podem ser feitas na escola.

Os Apêndices contêm uma lista de verificação (*checklist*) para os alunos sobre como melhor assistir aos vídeos. A lista de verificação oferece conselhos específicos sobre o ambiente, como aprimorar as anotações e como participar efetivamente de uma sala de aula invertida.

Em meu *blog*, postei um texto destinado aos pais, intitulado "Cinco motivos para os pais se empolgarem: seu filho está em uma sala de aula invertida!" (conteúdo em inglês, http://bit.ly/ParentsFlip), em que descrevo os benefícios do dever de casa invertido e da aprendizagem invertida. São eles:

- *Motivo 1: aumenta a interação aluno-professor.* Há algo em que acredito, fundamentalmente, sobre o bom ensino: tem a ver com desenvolver um bom relacionamento entre professor e aluno. Uma das belezas da sala de aula invertida é que o professor ganha mais tempo individual com cada aluno. Trocando em miúdos: seu filho ou filha vai receber mais atenção individual do professor. Existe algo poderoso em afastar o professor da "frente da sala". Fazer os professores se integrarem com seus alunos muda a dinâmica da rotina escolar. Quando fizemos a inversão, em 2007, fiquei conhecendo melhor meus alunos do que os conheci nos meus 19 anos anteriores como professor. Dedicar a cada aluno um tempo com quantidade e qualidade me ajudou a conhecer melhor meus alunos, tanto do ponto de vista cognitivo quanto humano.
- *Motivo 2: auxilia você a dar suporte a seu filho.* Quantas vezes seus filhos vieram para casa com deveres de casa que não conseguiam entender? Você se sentava com eles à mesa e se esforçava ao máximo para ajudá-los, mas não conseguia. Ou talvez você tivesse aprendido alguma coisa quando estava na escola, mas seu filho lhe informou que você "fazia errado". Uma das belezas da sala de aula invertida é que você também pode assistir aos vídeos com seus filhos. Você pode aprender como o professor ensina um tópico e se tornar mais bem equipado para prestar o apoio necessário.
- *Motivo 3: diminui a ansiedade de seu filho com o dever de casa.* Tenho três filhos e já me aconteceu de chegarem em casa com o dever de casa e ficarem estressados. Tinham muitas coisas para fazer e, das duas, uma: ou não tinham tempo ou compreensão suficientes. Isso, em alguns casos, os levava às lágrimas, e minha esposa e eu ficávamos angustiados e de mãos atadas. Se o dever de casa envolve os alunos assistirem a um vídeo breve e interagir com ele (nunca é demais enfatizar: ele precisa ser BREVE!), então isso se torna muito mais exequível. A ideia é que os alunos façam o trabalho difícil em sala de aula.
- *Motivo 4: seu filho pode dar uma pausa e voltar a um ponto específico do vídeo.* Em um dos primeiros anos da sala de aula invertida, minha filha Kaitie estava em nossa sala de estar assistindo a um vídeo feito por mim (por sinal, isso é meio estranho) e ela saltou em um pulo e exclamou: "Eu amo a sala de aula invertida!". Perguntei a ela por quê, ao que explicou: "Porque posso dar uma pausa em você". Fiquei surpreso, mas me dei conta do que ela estava dizendo. Podia dar uma pausa no professor dela. Todas as crianças aprendem em ritmos diferentes e, sinceramente, nós,

professores, falamos rápido demais. Não seria ótimo se seu filho pudesse dar uma pausa e voltar ao que o professor falou? Bem, se eles estiverem em uma sala de aula invertida, podem fazer isso.

- *Motivo 5: conduz seu filho a uma aprendizagem mais profunda.* Já vi uma coisa acontecer com quase todos os professores que inverteram sua sala de aula: eles a invertem por cerca de 1 a 2 anos e então vão além dessa abordagem e adotam estratégias para uma aprendizagem mais profunda — por exemplo, aprendizagem baseada em projetos, com base em desafios e de domínio. Considere-se extremamente sortudo se você tiver um professor que inverteu a sala por anos seguidos. Eles sem dúvida mudaram completamente a dinâmica de suas salas de aula. Os alunos deles, em vez de se concentrarem em se preparar para os testes ou em trabalhos inúteis, estão ativamente envolvidos em sua própria aprendizagem, responsabilizando-se por ela e a abraçando com entusiasmo.

Em casa, já não se espera que os pais sejam os especialistas. O papel dos pais mudou. Eles precisam incentivar seus filhos a interagir profundamente com os vídeos da sala de aula invertida. É tão simples assim. Pais de alunos de escolas do mundo inteiro já me agradeceram profusamente por transformar suas vidas ou, em outras palavras, por tirar o "drama" do dever de casa.

6

Alinhavando tudo até aqui

Há pouco tempo, recebi um *e-mail* de meu amigo Troy Stein, que estava frustrado com as aulas de ciências frequentadas pela filha dele. Ela estava ficando para trás, e ele estava tentando melhorar o aproveitamento dela. Ele reconheceu que a filha havia feito algumas escolhas ruins, que resultaram em seu fraco aproveitamento, mas, na ocasião do *e-mail*, ela estava disposta a aprender. A turma estava no Capítulo 4, mas a filha de Troy ainda não entendia conceitos básicos do Capítulo 1. Ele encarou aquilo como uma missão. Percebeu que fazia um longo tempo desde que cursara ciências no 9º ano, mas, já que se considerava um homem bem instruído, com mestrado em seu ramo de atuação, a tecnologia da informação, achava que poderia aprender o suficiente para auxiliar a filha.

Troy pegou o livro da filha, fez algumas fichas de anotações e resolveu alguns problemas na tentativa de aprender o conteúdo. Mas, no fim das contas, não foi capaz de auxiliá-la. Percebeu que não conseguiria absorver as informações com tanta facilidade. Então contratou uma professora particular, que não ajudou. Frustrado, postou um vídeo no YouTube endereçado ao departamento de ciências da escola. De modo oxigenador, no vídeo, ele não culpa os professores, tampouco o conteúdo. Em vez disso, questiona a concepção de uma sala de aula tradicional. Ele se pergunta por quê, no caso dos deveres de casa na sala de aula tradicional, o trabalho difícil está sendo feito no pior lugar — em casa, onde os alunos estão longe do verdadeiro especialista, o professor. Indaga, então, como seria se sua filha tivesse crescido em um lugar onde o apoio dos pais fosse precário ou até mesmo inexistente. Quais as chances que alguém como a filha dele teriam? Para concluir o vídeo, compartilha com os docentes de ciências o testemunho de como presenciou a sala de aula invertida e, mais importante, o domínio invertido transformarem salas de aula e escolas. (Se tiver interesse, confira o inspirador vídeo de Troy em http://bit.ly/parentfliphw.)

Hoje em dia, o valor do dever de casa é um assunto acalorado no mundo da educação. Quando é bem realizado, ele aumenta o desempenho do aluno. Uma forma de acabar com a correlação dele com a palavra "drama" é adotar o modelo de sala de aula invertida e seguir os conselhos deste livro. Em vez de mandar os alunos fazer o "trabalho difícil" em casa, precisamos enviar as tarefas cognitivas menos complexas para casa, a fim de que, quando os alunos vierem à sala de aula, possam trabalhar nas tarefas cognitivas mais complexas com um especialista — o professor deles. Dessa forma, terão uma experiência em sala de aula mais rica e mais significativa. Outra forma de dizer isso seria: o dever de casa é quando se faz o levantamento de pesos leves, e a sala de aula é para o de pesos pesados. Como educadores, precisamos parar de enviar o trabalho difícil para casa, onde os alunos talvez não tenham a capacidade nem o apoio para concluir a tarefa. Em vez disso, precisamos ter técnicas que permitam com que todos eles se tornem aprendizes bem-sucedidos e envolvidos. A aprendizagem invertida simplifica toda a experiência do dever de casa, que passa a ter finalidade, eficiência, eficácia e apelo estético.

Precisamos repensar o dever de casa! Precisamos torná-lo mais significativo e eficaz! Temos de parar de utilizá-lo para martirizar os alunos por não fazerem as tarefas ou simplesmente para reforçar o *status quo*. Precisamos, em suma, transformar a maneira de passar o dever de casa. Por meio dos vídeos invertidos, ele se torna um caminho para o envolvimento, a compreensão e a aprendizagem mais profundos.

Alguns professores afirmam que tentam inverter seus cursos durante algumas aulas, mas então, quando muitos alunos não assistem ao vídeo invertido, eles decidem que aquilo simplesmente não funciona com sua turma. Eles afirmam: "Eles se recusam a assistir ao vídeo!". Em seguida, retornam ao estilo de aula expositiva, porque sentem que seus alunos ao menos vão aproveitar algo a partir do modelo tradicional. Como educadores, entendemos que nada é fácil da primeira vez. E, com a sala de aula invertida, não é diferente. Não faça simplesmente uma tentativa por algumas aulas e desista. Persevere e acredite que vai funcionar. Não aborde o método com a postura de que vai tentar e, se seus alunos não gostarem, você voltará ao método antigo. Entre na sala de aula confiante e diga: "Pessoal, precisamos aprender melhor e aprofundar os conhecimentos, e o método que vamos adotar será o modelo da sala de aula invertida". Comece com confiança e firmeza.

A mudança é difícil! Persevere! E eu prometo que você não vai olhar para trás.

APÊNDICES

COMO ASSISTIR A UM VÍDEO INVERTIDO: DIRETRIZES PARA ALUNOS

As seguintes diretrizes, as quais os professores podem distribuir aos alunos, são projetadas para ajudá-los a se preparar para uma tarefa de vídeo invertido.

A sala de aula invertida exige que você assuma a responsabilidade por sua aprendizagem. Siga à risca estas diretrizes ao fazer o dever de casa invertido.

Ambiente

- Estou sentado em um lugar tranquilo e livre de distrações.
- Silenciei as ligações telefônicas.
- Fechei todas as outras abas e janelas em meu dispositivo.
- Desconectei-me das redes sociais antes de assistir ao vídeo invertido.
- Tenho meu caderno da escola e um lápis ou uma caneta para fazer anotações.
- Utilizo fones de ouvido enquanto assisto ao vídeo (para aumentar minha concentração).

Anotações

- Enquanto assisto ao vídeo, vou tomando notas minuciosas.
- Desenho diagramas e gráficos apropriados em minhas anotações.
- Volta e meia dou uma pausa no vídeo para fazer anotações.
- Retrocedo o vídeo quando não entendo alguma parte.
- Dou pausa no vídeo e resolvo um problema ou escrevo algo quando meu professor me orienta a fazê-lo.
- Respondo às perguntas feitas no vídeo de acordo com minha máxima capacidade.
- Escrevo perguntas em minhas anotações com base no vídeo invertido quando não entendo alguma coisa.
- Levo minhas perguntas para a sala de aula.

Na sala de aula

- Faço as perguntas que formulei em minhas anotações ao meu professor, de modo que eu possa receber auxílio e esclarecimento.
- Participo plenamente nas atividades presenciais.
- Colaboro com os meus colegas.
- Ofereço ajuda aos meus colegas com as partes que entendo.
- Peço o auxílio dos meus colegas quando eles entendem mais do que eu.

EXEMPLOS DE VÍDEOS

Embora seja preferível que os professores criem seus próprios vídeos invertidos, é útil conferir uma variedade de outros vídeos como guia. A seguir, você encontra observações e *links* para vídeos invertidos de excelente qualidade (conteúdo em inglês).

MATÉRIA/ NÍVEL DE ENSINO	OBSERVAÇÕES	*LINK*
Todas/todos	Como Jon tem atuado como curador e recebido, durante vários anos, canais de aulas invertidas de professores mundo afora, a videoteca de aulas invertidas contém mais de 100 canais de vídeo.	bit.ly/flipvid1
Todas/3º ano do ensino fundamental	O *site* de Randy Brown, que tem mais de 500 vídeos que ele usa para inverter suas aulas do 3º ano do ensino fundamental.	MrRBrown.org
Ciências/ensino médio	Paul Andersen criou centenas de vídeos de alta qualidade sobre ciências.	bozemanscience.com
Física/ensino médio	Jonathan Thomas-Palmer criou vídeos invertidos de excelente qualidade. Obs.: não fique intimidado pelos vídeos (como a maioria dos vídeos invertidos, os custos de produção são baixos, o que não altera em nada a sua eficiência e eficácia).	flippingphysics.com

Continua

Continuação

MATÉRIA/ NÍVEL DE ENSINO	OBSERVAÇÕES	LINK
Matemática/5º ano do ensino fundamental	Delia Bush é uma professora de ensino fundamental premiada.	bit.ly/flipvid2
Matemática/ensino médio	Canal do YouTube de John Tague.	bit.ly/flipvid3
Matemática/ensino médio	Canal do YouTube de Michael Moore.	bit.ly/flipvid4
Artes da linguagem/ anos finais do ensino fundamental e ensino médio	Canal do YouTube de Andrew Thomasson e Cheryl Morris.	bit.ly/flipvid5
Da educação infantil até o 2º ano	*Site* de Carol Redmond.	carolredmond.blogspot.com
História/ensino médio	Canal do YouTube de Tom Driscoll.	bit.ly/flipvid6
Línguas estrangeiras/todos os níveis de ensino	*Site* da Señora Dill para ensinar espanhol e francês para alunos de língua inglesa.	senora-dill.wikispaces.com
Ensino médio e colocação avançada em psicologia[1]	Canal YouTube de Don Meyers.	bit.ly/flipvid7
Biologia/ensino médio	Jeremy LeCornu, professor na Austrália, tem alguns vídeos incríveis com algumas técnicas inovadoras.	bit.ly/flipvid8
Matemática e finanças/ ensino médio	Joel Speranza utiliza a tela como quadro para fazer seus vídeos, que são muito cativantes.	bit.ly/flipvid9

---

[1] N. de R.T.: Nos Estados Unidos, os alunos podem realizar provas específicas de conhecimentos para conseguir certificações avançadas ou reduzir créditos na faculdade. A colocação avançada (Advanced Placement - AP) é um desses testes, para alunos interessados no campo da psicologia, neste caso.

FEEDBACK SOBRE A SALA DE AULA INVERTIDA: PESQUISA COM OS ALUNOS

O *feedback* dos alunos pode informar os professores sobre como melhorar a sala de aula invertida. Apresentamos a seguir alguns exemplos de perguntas que podem atuar como catalisadores enquanto você trabalha para criar sua própria pesquisa. Talvez você também queira que seus alunos participem da pesquisa mencionada neste livro (a qual pode ser encontrada, em inglês, em http://bit.ly/fliphw).

1. Em qual horário do dia você assiste aos vídeos invertidos?
    a. Pouco antes da aula.
    b. Pela manhã.
    c. Durante o horário escolar.
    d. Logo após a aula.
    e. À noite.

2. Você faz múltiplas tarefas enquanto assiste aos vídeos invertidos?
    a. Nunca faço múltiplas tarefas durante os vídeos invertidos.
    b. Às vezes faço múltiplas tarefas durante os vídeos invertidos.
    c. Frequentemente faço múltiplas tarefas durante os vídeos invertidos.
    d. Sempre faço múltiplas tarefas durante os vídeos invertidos.

3. Como o sistema de dever de casa invertido se compara aos sistemas tradicionais?
    a. Pior: folhas de trabalho/exercícios no livro-texto seriam muito melhores do que assistir aos vídeos.
    b. O.K., mas é melhor em alguns aspectos e pior em outros.
    c. Sem opinião: é praticamente igual.
    d. Melhor: em linhas gerais, é uma boa ideia.
    e. Excelente: sem dúvida, eu prefiro este sistema. Que mais professores sigam esse modelo!

4. O quão facilmente você consegue acessar e assistir aos vídeos antes da data marcada? (Seria melhor se as respostas para esta pergunta fossem baseadas em uma escala de 1 a 5, com 1 sendo "Absolutamente nenhum problema".)
   a. Muito difícil. Muitas vezes tive dificuldade para conseguir assistir aos vídeos a tempo, em casa ou na escola.
   b. Absolutamente nenhum problema! Sempre tive tempo suficiente e fácil acesso à internet.

5. Como o professor pode melhorar os vídeos (escolha todas alternativas que se aplicam)?
   a. Use menos palavras na tela.
   b. Converse/atue menos dramaticamente na tela.
   c. Utilize mais palavras na tela.
   d. Faça todos os vídeos seguirem o mesmo formato.
   e. Utilize-se de mais vídeos "narrativos" em que o rosto do professor não aparece.
   f. Torne-os mais interativos, acrescentando perguntas.
   g. Não mude nada! Os vídeos estão ótimos!
   h. Converse/atue mais dramaticamente na tela.
   i. Crie mais vídeos "ao vivo", em que possamos ver o professor falando com a câmera.
   j. Outros:

6. O quanto você está contente com a apresentação dos vídeos — por exemplo, narração, escolha das cores, conteúdo?
   a. Descontente.
   b. Um pouco contente.
   c. Contente.
   d. Muito contente.

7. Como você costuma assistir aos vídeos de dever de casa?
    a. Em um telefone celular.
    b. Em um computador em casa.
    c. Em um computador na escola.
    d. Outros:

8. Ao longo do ano letivo, você assiste aos vídeos antes da data marcada (seja sincero, por favor)?
    a. Raramente.
    b. Metade das vezes.
    c. Primeiro não, mas melhorei ao longo do ano.
    d. Na maioria das vezes.
    e. Sempre.

9. Com qual frequência você assiste aos vídeos que foram sugeridos na aula?
    a. Quase sempre.
    b. Mais da metade das vezes sugeridas.
    c. Menos da metade das vezes sugeridas.
    d. Nunca.

10. Em geral, onde você está quando assiste aos vídeos invertidos?
    a. Em casa.
    b. Em nossa sala de aula.
    c. Na escola (outra sala, refeitório, etc.).

11. O uso dos vídeos permitiu a seu professor passar mais tempo com você ou em pequenos grupos em sala de aula?
    a. O tempo inteiro.
    b. A maior parte do tempo.
    c. Parte do tempo.
    d. Raramente.

12. Você assiste aos vídeos invertidos um de cada vez ou em grupos?

13. Qual é a coisa que você mais gosta nos vídeos invertidos?

14. O que você mais gosta nas atividades em sala de aula?

15. O que você mudaria nas atividades em sala de aula?

16. Que conselho sobre essa aula você daria aos alunos do próximo ano (em outras palavras, o que você gostaria que alguém tivesse lhe avisado antes do começo das aulas)?

17. O que faltaria na aula se fôssemos para uma sala de aula tradicional/baseada em aulas expositivas?

18. Como os vídeos *on-line* apoiaram sua aprendizagem sobre esse tópico?

Um agradecimento especial aos seguintes professores que contribuíram com perguntas para a pesquisa: Andrew Swan, Jill McClean, Robert Glenn e Kelly Hollis.

APRESENTANDO A APRENDIZAGEM INVERTIDA: CARTA AOS PAIS

Como os pais provavelmente vão querer saber sobre a aprendizagem invertida e entender por que seus filhos estão assistindo a vídeos em vez de fazer o dever de casa, talvez seja útil enviar-lhes uma carta no modelo a seguir antes do início do ano letivo.

Queridos pais:

Estou empolgado por ter seu filho em minha turma este ano. Este é meu 24º ano dando aulas e continuo amando o que faço. Trabalhar com seus filhos me mantém jovem e ensinar tem sido a vocação da minha vida.

Esta carta não é uma carta de apresentação típica, na qual forneço o currículo e a política de avaliação — isso vocês podem encontrar em http://myschool.com/mrteacher, se tiverem interesse. Em vez disso, eu gostaria de compartilhar com vocês algumas convicções sobre educação e em seguida explicar como essa filosofia flui para os métodos que utilizarei para ensinar.

Tenho lido pesquisas educacionais que podem ser resumidas em duas grandes lições:

1. Os alunos aprendem melhor quando têm interações e relacionamentos positivos com seus professores e com seus colegas.

2. Os alunos aprendem melhor quando a aprendizagem é ativa e envolvente.

Para alcançar isso, adotei a abordagem de aprendizagem chamada de "sala de aula invertida" — a melhor maneira de garantir relacionamentos mais profundos e uma sala de aula mais ativa.

Em poucas palavras, o modelo envolve que os alunos façam seu dever de casa por meio da interação com breves microvídeos — que substituem as aulas expositivas (palestras) em sala de aula. E, quando os alunos estiverem em aula, vão aplicar e aprofundar os tópicos introduzidos no microvídeo. A razão pela qual o modelo é chamado de sala de aula invertida é que o que costumava ser feito em casa (o dever de casa tradicional) é feito em sala de aula, e o que normalmente era feito em sala de aula (palestra) é feito em casa.

Continua

Continuação

O modelo de sala de aula invertida está sendo adotado por professores no mundo inteiro, com resultados excelentes. Constatei que ele é especialmente útil em minhas aulas porque me liberou para dedicar mais tempo individual aos meus alunos, para lhes ajudar a aumentar a posse de sua aprendizagem e para aumentar o desempenho deles nos testes.

Ficaram para trás os dias em que seus filhos chegavam em casa com um dever de casa que não conseguiam fazer. O principal dever de casa deles é interagir e tomar notas sobre esses breves vídeos que fiz. Eles têm entre 4 e 12 minutos de duração, e seu filho vai levar, em média, uns 20 minutos para interagir com eles.

Se você tiver perguntas sobre o modelo, eu lhes incentivo a assistir a este vídeo curto (que você pode encontrar em http://bit.ly/explainflip) feito por um dos especialistas em aprendizagem invertida — Jon Bergmann. Ele explica o modelo direitinho e lhe dará uma boa ideia de como serão minhas aulas. Além disso, sinta-se à vontade para falar comigo pessoalmente na escola, via e-mail ou telefone.

Estou ansioso para ensinar seu filho ao longo deste ano letivo.

Sr(a). Professor(a)
jprofessor@minhaescola.com
303-333-3333, X3333

CRIAÇÃO DOS VÍDEOS INVERTIDOS: *CHECKLIST*

A maioria dos professores que invertem suas aulas utiliza vídeos para o trabalho prévio. A seguinte lista de verificação (*checklist*) irá auxiliá-lo à medida que você se prepara para sua criação.

Sobre tecnologia

O vídeo:

- é gravado em uma sala silenciosa.
- tem anotações (desenhos).
- é publicado *on-line*.
- pode ter seu conteúdo acessado pelos alunos.

Sobre o conteúdo do vídeo

O vídeo:

- é curto.
- contém um tópico.
- está configurado para interação.
- tem perguntas incorporadas e incita os alunos a responder a vários estímulos.
- apresenta conteúdo novo.
- está no nível de conhecimento ou compreensão na taxonomia de Bloom.
- tem mais imagens do que palavras.

Sobre outras considerações

- O vídeo é criado com a participação de um colega (quando possível).
- Eu me expresso com energia.
- Eu me expresso em linguagem informal.
- Meu rosto aparece no vídeo.
- O vídeo foi planejado para atender aos objetivos curriculares.
- Quando as imagens têm outra origem, todas as fontes são sempre citadas.

AGENDA DE ATIVIDADE AVANÇADA: EXEMPLO

Agendas de atividades avançadas, às vezes chamadas de folhas de acompanhamento, são usadas por muitos professores junto com as tarefas de vídeo invertidas. A seguir, apresentamos um exemplo de uma folha de acompanhamento para uma aula de química de colocação avançada (observe que a folha de acompanhamento real incluía mais espaço para os alunos inserir anotações).

VÍDEO 6.1: TERMOQUÍMICA

Primeira lei da termodinâmica

A energia não pode _____

A soma total da energia no universo _____

Termodinâmica significa (examine a palavra)

Energia em uma reação química

A energia pode fluir em dois sentidos em uma reação

Para dentro: Endotérmica

Para fora: Exotérmica

Chamada de entalpia: Símbolo é ΔH

Quatro maneiras de calcular a ΔH (preencha o gráfico a seguir)

Quatro maneiras de calcular a ΔH

FORMULÁRIO PARA MONITORAMENTO DO PROGRESSO

Shane Ferguson, professora dos anos finais do ensino fundamental, em Ohio, faz os alunos automonitorarem seus progressos ao completar o seguinte formulário, uma grande ferramenta para a autorreflexão e autoadministração dos alunos à medida que eles progridem ao longo de uma seção.

MATÉRIA: MATEMÁTICA 7

NOME:

TÓPICO/UNIDADE: **Tópicos 3/4: Números racionais e irracionais**

PADRÕES DE NÚCLEO COMUM:

8.NS.1: Saber que os números que não são racionais são chamados de irracionais. Entender informalmente que cada número tem uma expansão decimal; para números racionais, mostrar que a expansão decimal acaba se repetindo e converter uma expansão decimal que acaba se repetindo em um número racional.

8.NS.2: Utilizar as aproximações racionais de números irracionais para comparar o tamanho dos números irracionais, localizá-los aproximadamente em um diagrama de linha de número e estimar o valor das expressões (por exemplo, π2). Por exemplo, ao truncar a expansão decimal de $\sqrt{2}$, mostrar que $\sqrt{2}$ está entre 1 e 2 e, em seguida, entre 1,4 e 1,5 e explicar como continuar até obter melhores aproximações.

PONTUAÇÃO PRÉ-TESTE:

Reflexão (Qual parte você entendeu bem? Em qual parte você teve mais dificuldades?):

Meu objetivo para meu pós-teste é:

Meu plano para atingir meu objetivo pós-teste é:

Reflexão no meio do caminho
Como estou indo na metade do percurso? O que posso fazer para continuar rumo a meu objetivo ou do que preciso para concluí-lo dentro do cronograma?

Tarefas a fazer:

SEQUÊNCIA	TAREFA	EU POSSO/ REFLEXÃO
	Jogos *on-line* (Frações, Decimais, Porcentagens)	
	Cartões Tarsia (*software* que permite criar enigmas para atividades matemáticas) para raiz quadrada	
	Revisão Mista Tópicos 3/4	
	Tarefa dos Tópicos 3/4	
	Prática de Avaliação dos Tópicos 3/4	
	Aplicação de atividades sobre as Olimpíadas	
	Aplicação de Atividade sobre Arranha-céu	

PONTUAÇÃO PÓS-TESTE:

Reflexão (Alcancei meu objetivo? O que aprendi? O que posso fazer para melhorar ou me manter na próxima unidade de ensino?):

Referências

ANDERSON, L. W.; KRATHWOHL, D. R. *A taxonomy for learning, teaching, and assessing*: a revision of Bloom's taxonomy of educational objectives. New York: Longman, 2001.

BERGMANN, J.; SAMS, A. *Flip your classroom:* reach every student in every class every day. Eugene: International Society for Technology in Education, 2012.

COOPER, H. M. *Battle over homework:* common ground for administrators, teachers, and parents. 2nd ed. Thousand Oaks: Corwin Press, 2001.

EPSTEIN, J. L. et al. *TIPS*: teachers involve parents in schoolwork: interactive homework in language arts: prototype activities, grade 7. Baltimore, MD: Center on Families, Communities, Schools, and Children's Learning, Johns Hopkins University, 1992a.

EPSTEIN, J. L.; JACKSON, V.; SALINAS, K. C. E. *TIPS*: teachers involve parents in schoolwork: language arts, science/health, and math interactive homework in the middle grades. Baltimore, MD: Center on Families, Communities, Schools, and Children's Learning, Johns Hopkins University, 1992b. Disponível em: <https://files.eric.ed.gov/fulltext/ED355032.pdf>. Acesso em: 28 abr. 2018.

GALLOWAY, M.; CONNOR, J.; POPE, D. Nonacademic effects of homework in privileged, high-performing high schools. *The Journal of Experimental Education*, v. 81, n. 4, p. 490-510, 2013.

HOLLAND, B. The 4Ss of note-taking with technology. *Edutopia*. 2014. Disponível em: <https://www.edutopia.org/blog/the-4ss-of-note-taking-beth--holland>. Acesso em: 10 nov. 2014.

KOHN, A. Making students work a 'second shift.' *Youtube*, 27 jan. 2009. Disponível em: <https://www.youtube.com/watch?v=npZ4dkt4e4U>. Acesso em: 28 br. 2018.

KOHN, A. *The homework myth:* why our kids get too much of a bad thing. Boston, MA: Da Capo, 2006.

MAZUR, E. *Peer instruction:* a revolução da aprendizagem ativa. Porto Alegre: Penso, 2015.

MAZUR, E. *Peer instruction:* a user's manual. Upper Saddle River: Prentice Hall, 1997.

MUELLER, P. A.; OPPENHEIMER, D. M. The pen is mightier than the keyboard: advantages of longhand over laptop note taking. *Psychological Science,* v. 25, n. 6, p. 159-168, 2014.

REID, K. S. Survey finds half of parents struggle with their children's homework. *Education Week,* v. 33, n. 4, 2013.

THE WHITE HOUSE. *ConnectED:* president Obama's plan for connecting all schools to the digital age. 2014. Disponível em: <https://obamawhitehouse.archives.gov/sites/default/files/docs/connected_fact_sheet.pdf>. Acesso em: 28 abr. 2018.

VATTEROTT, C. Five hallmarks of good homework. *Educational Leadership,* v. 68, n. 1, p. 10-15, 2010.

LEITURAS COMPLEMENTARES

BERGMANN, J.; SAMS, A. *Flipped learning:* gateway to student engagement. Eugene: International Society for Technology in Education, 2014.

iNACOL. *What is competency education?* [2014?]. Disponível em: <https://www.competencyworks.org/wp-content/uploads/2014/11/CWorks-Understanding-Competency-Education.pdf>. Acesso em: 28 abr. 2018.

MARZANO, R. J. *The art and science of teaching:* a comprehensive framework for effective instruction. Alexandria, VA: ASCD, 2007.

MARZANO, R. J.; PICKERING, D. J. The case for and against homework. *Educational Leadership,* v. 64, n. 6, p. 74-79, 2007.

MCKIBBEN, S. Mastering the flipped faculty meeting. *Education Update,* v. 56, n. 1, p. 2-4, 2014.

PEER instruction. In: WIKIPEDIA. 17 Mar. 2018. Disponível em: <https://en.wikipedia.org/wiki/Peer_instruction>. Acesso em: 28 abr. 2018.

REEVES, D. B. The case against the zero. *Phi Delta Kappan,* v. 86, n. 4, p. 324-25, 2004.

VATTEROTT, C. *Rethinking homework:* best practices that support diverse needs. Alexandria, VA: ASCD, 2009.

WEIR, K. Is homework a necessary evil? *Monitor on Psychology,* v. 47, n. 3, p. 36, 2016.

Índice

As páginas seguidas por *f* indicam figuras.

A

acesso à internet, estratégias para, 59-61
agendas de atividades avançadas, 39, 49, 50*f*, 51*f*, 84
alunos
    abordagem da hora do gênio, 42
    acesso à internet, estratégias para, 60
    apropriação da aprendizagem, 25-28, 27*f*
    aula conduzida pelos alunos, 54
    competência, sensação de, 28-29, 29*f*
    escolha, oferta de, 27-28, 27*f*
    feedback sobre a sala de aula invertida, 56, 77-80
    formulário para monitoramento do progresso, 85-86
    fracasso em concluir o dever de casa, 33-35
    instrução pelos colegas, 41
    instruções para assistir aos vídeos, 37-38, 73-74
    perguntas geradas pelos alunos, 54-55
    pesquisa sobre o dever de casa invertido, 11-19, 13*f*, 14*f*, 15*f*, 16*f*, 77-80

apelo estético, dever de casa, 29-31, 30*f*
aprendizagem invertida. *Ver também* dever de casa
    definição, 11-12
    taxonomia de Bloom e, 7-11, 8*f*, 9*f*, 10*f*
apropriação da aprendizagem, dever de casa eficaz e, 25-28, 27*f*
Arikan, İbrahim, 19
atribuição de notas. *Ver* avaliação e atribuição de notas
avaliação
    feedback do aluno sobre a sala de aula invertida, 56
avaliação e atribuição de notas
    aula conduzida pelos alunos, 54
    como completar agendas de atividades avançadas, 49, 50*f*, 51*f*
    dados formativos, usos para, 52-53
    educação baseada em domínio/competências, 43-44
    fichas de resumo, 49, 50*f*, 51*f*
    perguntas geradas pelos alunos, 54-55
    perguntas incorporadas no vídeo, 52
    políticas de atribuição de notas aos alunos, 55-56
    progresso do aluno, formulário de automonitoramento, 85-86
    responsabilização, 46-48, 48*f*

B

Bennett, Nicholas, 49, 51*f*
Brady, Christopher, 52

C

Cerqua, Rebekah, 47, 49, 50*f*
colegas
    instrução pelos, 41
    responsabilização pelo dever de casa e, 33
competência, motivação do aluno e, 28-29, 29*f*
conselhos de classe invertidos, 62-63
conteúdo significativo, 26-27, 27*f*

D

dados formativos, usos para, 52-53
dever de casa
    carga de trabalho dos alunos, 38
    como mudança de paradigma, 11
    debate sobre, 8, 5*f*, 67-69
    dever de casa eficaz, diferenciais do
        apelo estético, 29-31, 30*f*
        apropriação, 25-28, 27*f*
        competência, 28-29, 29*f*
        eficiência, 23-25, 23*f*, 24*f*, 25*f*
        finalidade, 22
    feedback dos alunos, 77-80
    formato para, 21-22
    fracasso do aluno para concluir, 33-35
    infraestrutura tecnológica e, 58-61
    pais, comunicação com os, 63-66
    percepções dos alunos sobre, 12-19, 13*f*, 14*f*, 15*f*, 16*f*
    política da escola, elaboração do, 57-58
    tempo de tela, 15-16, 16*f*
    TIPS (*Teachers Involve Parents in Schoolwork*), 40
    vantagens e desvantagens, 16-19
domínio, 43-44

E

EDpuzzle, 47-48, 48*f*
educação baseada em domínio/competências, 43-44
eficiência, dever de casa eficaz e, 23-25, 23*f*, 24*f*, 25*f*
envolvimento com o conteúdo, 26-27
    hora do gênio, 42
    instrução pelos colegas, 42
escolas e gestores
    acesso à internet, estratégias para, 60-61
    apoio à inovação, 61
    conselhos de classe invertidos, 62-63
    infraestrutura tecnológica, 58-61
    modelo de carta aos pais, 81-82
    pais, comunicação com os, 63-66
    políticas para o dever de casa, elaboração das, 57-58
escolha, motivação do aluno e, 27-28, 27*f*
Estratégia 3-2-1, interatividade, 39
estratégias do professor. *Ver também* avaliação e atribuição de notas
    abordagem da hora do gênio, 42
    apoio para inovação, 61
    carga de trabalho do dever de casa, 38

criação dos vídeos, 34-37, 39, 83
dever de casa, tarefas
  alternativas, 40
dificuldades para concluir o
  dever de casa, 33-35
educação baseada em domínio/
  competências, 43-44
instrução pelos colegas, 41-42
instruções para os alunos,
  37-38, 73-74
interatividade dos vídeos, 39
modelo de carta aos pais, 81-82
projetos e aprendizagem baseada
  em projetos, 43

F

Faulkner, Troy, 25-26
fazer anotações
  agendas de atividades avançadas,
    39, 49, 50*f*, 84
  em papel ou digitais, decisões
    sobre, 49, 50
  fichas de resumo, 49, 51*f*
Ferguson, Shane, 85-86
fichas de resumo, anotações, 49, 51*f*
finalidade, dever de casa eficaz e,
  22-23
Flipped Learning Series (Bergmann e
  Sams), 14
formulários Google, 46-47, 47*f*

G

gestores. *Ver* escolas e gestores
gráficos, vídeo, 35-37

H

Hermes, Paul, 63
Holland, Beth, 51
hora do gênio, 42
Humphries, Kirk, 54

I

infraestrutura tecnológica, 58-61
Iniciativa ConnectEd, 60
inovação, apoio para, 63-64
Instituto Buck para Educação, 43
interatividade dos vídeos, 36, 39-40
  agendas de atividades avançadas,
    39, 49, 50*f*, 84
  fichas de resumo, 49, 51*f*

K

Kohn, Alfie, 5-6
Kurban, Caroline, 19

M

Marzano, Robert, 5, 5*f*
Mazur, Eric, 41
MEF University, 19
Mergendoller, John, 43
Microsoft Office Mix, 49-50
modelo de domínio invertido, 43-44
motivação
  apelo estético e, 29-31, 30*f*
  apropriação da aprendizagem,
    25-28, 27*f*
  competência, construção da,
    28-29, 29*f*

N

Nelson, Ross, 37

P

pacotes de avaliação *on-line*, 46-48, 47*f*, 48*f*
pais e famílias
    comunicação da escola com, 63-66
    modelo de carta sobre dever de casa invertido, 81-82
    responsabilização pelo dever de casa e, 33
    TIPS (*Teachers Involve Parents in Schoolwork*), 40
Paricio, Mark, 40
PlayPosit, 47-48
Plaza, James, 52
Pope, Denise, 3
projetos
    apaixonantes, 42
    e aprendizagem baseada em projetos, 43

Q

qualidade do áudio, vídeos, 37

R

Radovich, Magdalen, 11
relacionamentos, melhoria nos, 25-26
relevância do conteúdo, 26-27, 27*f*
responsabilização, ferramentas para, 46-48, 47*f*, 48*f*

S

Sams, Aaron, 44
Shaheen, Mohamed, 19
sistemas de gestão de aprendizagem, 46-48, 47*f*, 48*f*, 59-61

T

taxonomia de Bloom, 7-11, 8*f*, 9*f*, 10*f*, 52
tempo
    criação dos vídeos, dicas para, 35
    diante de tela, 15-16, 16*f*
    eficiência do dever de casa e, 23-25, 23*f*, 24*f*, 25*f*
    hora do gênio, 42
    políticas escolares para o dever de casa, 57-58
    projetos e aprendizagem baseada em projetos, 43
The Homework Myth (Kohn), 6
TIPS (*Teachers Involve Parents in Schoolwork*), 40
Trenchs, Manel, 30
Trible, Russ, 53

V

Vatterott, Cathy, 21
Vídeos
    criação, dicas para, 33-37, 83
    duração dos, 23-25, 23*f*, 24*f*, 25*f*
    ensinando os alunos a usar, 37-38, 73-74
    exemplos, recursos da internet, 75-76

formulário para monitoramento de progresso do aluno, 85-86
infraestrutura tecnológica, 58-61
interatividade, estratégias, 39
perguntas incorporadas, 52

W

Wi-Fi, acesso a, 60